빛을 따라 살아가는

__________________ 님께

사랑을 담아
드립니다.

어둠 속 빛길

권태진 목사의 고린도전서 강해설교집

어둠 속

빛길

성빛

 **3부** 사랑으로 행하라

고린도전서 13~24장

고린도전서는 사도 바울이 1세기 중반, 주후 55년경에 고린도 교회에 보낸 편지입니다. 고린도는 상업과 문화의 중심지로 그리스 문명의 꽃이 피던 땅이나, 이 번영은 동시에 도덕적 타락과 혼란을 가져왔습니다. 성적 방종, 우상 숭배, 경제적 불평등, 사회적 갈등이 심각했고, 그 도시의 부패는 널리 알려져 있었습니다.

고린도 교회는 바울이 2차 전도 여행 중에 설립한 교회로, 여러 민족적 배경과 다양한 문화적 차이로 인해 갈등이 나타났습니다. 로마의 세속적 가치관과 이방 종교의 영향 아래 교회 내에서 여러 가지 문제가 발생했습니다.

바울은 성도들이 그리스도 안에 하나 됨을 이루고, 거룩한 삶을 살도록 교훈했습니다. 바울은 고린도 교회에 빛을 들고 찾아갔습니다. 영적 아비의 마음으로 성도들을 일깨우고, 올바른 길로 인도했습니다. 성도들에게 빛된 삶을 주문했던 바울의 마음은, 오늘날 우리가 거하는 어두운 세상 속에서도 여전히 유효합니다.

혼돈의 지식과 가치관으로 깜깜한 어둠의 길에 필요한 것은 바로 진리의 빛된 교훈입니다. 바울이 성령의 감동되어 전하는 편지가 바로 빛입니다. 세상을 밝히는 진리의 빛은 성도를 구원의 길로 인도합니다.

그들이 겪는 도덕적 혼란, 세속적 유혹, 그리고 분열의 어둠은 깊었지만, 그 안에서 바울은 아비의 마음으로 성도들을 품어 영원한 믿음, 소망, 사랑을 가지게 했습니다. 아비의 마음으로 교훈하고 책망하고 때로는 위로하며 오직 은혜로 믿음을 받은 이들이 예수의 마음을 닮기를 원했습니다.

참된 아비는 자녀가 넘어졌을 때 '왜 넘어졌느냐'고만 묻지 않습니다. 손을 내밀어 일으켜 세우고, 앞으로 나아갈 길을 함께 고민합니다.

오늘날 우리가 살아가는 이 세상도 고린도 교회와 같습니다. 음행, 우상, 송사 등의 문제는 여전히 현대 교회와 사회에 되풀이되고 있고, 바울이 보낸 편지는 성경에 기록되어 오늘도 우리에게 진리의 길을 알려줍니다.

빛은 바로 복음입니다. 또 성령이 인도하시는 그 길이 바로 우리가 걸어갈 길입니다. 예수님이 이미 그 길을 먼저 걸어가셨기 때문입니다. 그분은 우리에게 빛과 길이 되셔서, 우리가 어둠 속에서도 좌절하지 않게 하십니다.

바울이 고린도 교회에 전했던 그 빛과 길은 제가 목회 기간 중 어려울 때도 빛과 길이 되어주어 아주 즐겁게 성장하고 변화를 체험했습니다. 그 기쁨을 함께하길 원합니다. 한국 교회의 성도들이 <어둠 속 빛길> 로 인도받고 영의 좋은 양식을 공급받기를 원합니다. 어둠 속에서도 흔들리지 않고 진리의 길을 걸어갈 수 있는 힘은 오직 복음입니다.

이 강해설교집은 제가 2017~2018년에 강해했던 설교를 엮어 냈습니다. 이 책을 통해 예수님의 능력과 권세를 여러분과 나누고 싶습니다. 바울 사도가 보여준 아비의 사랑, 그리고 예수님이 보여주신 그 희망을 전하고 싶습니다.

어둠이 깊을수록, 빛은 더욱 멀리 비춥니다. 큰 시련은 큰 복을 준비합니다. <어둠 속 빛길>은, 성도로서 어떻게 빛과 소금이 되어야 하는지 가르쳐 줄 것입니다. 그 길 위에서 주님의 사랑과 평안이 여러분과 함께하길 바랍니다. 이 글을 읽는 가정에 더 큰 행복이 임하길 기도합니다.

이 책이 나오기까지 늘 동행해준 아내와 자녀들, 일천일 기도 용사들과 출판부, 신령한 가족된 성도들에게 감사, 사랑, 행복이 영원할 것입니다. 46년간 목회의 빛과 길이 되어주신 하나님께 모든 영광을 돌립니다.

자, 이제 우리 모두 함께 빛길을 걸어봅시다.

2024년 10월 15일

송암 권 태 진 목사

THE FIRST

1부 빛을 따라 살아가라

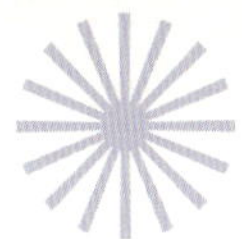

고린도전서 1~6장

주 안에서
자랑하라

Message

01

26 형제들아 너희를 부르심을 보라 육체를 따라 지혜로운 자가 많지 아니하며 능한 자가 많지 아니하며 문벌 좋은 자가 많지 아니하도다 27 그러나 하나님께서 세상의 미련한 것들을 택하사 지혜 있는 자들을 부끄럽게 하려 하시고 세상의 약한 것들을 택하사 강한 것들을 부끄럽게 하려 하시며 28 하나님께서 세상의 천한 것들과 멸시 받는 것들과 없는 것들을 택하사 있는 것들을 폐하려 하시나니 29 이는 아무 육체도 하나님 앞에서 자랑하지 못하게 하려 하심이라 30 너희는 하나님으로부터 나서 그리스도 예수 안에 있고 예수는 하나님으로부터 나와서 우리에게 지혜와 의로움과 거룩함과 구원함이 되셨으니 31 기록된 바 자랑하는 자는 주 안에서 자랑하라 함과 같게 하려 함이라

✳

하나님은 사람을 하나님의 형상으로 만드시고

천지 만물 중 최고의 영광을 누릴 수 있게 했습니다.

이를 믿는 사람에게는

감사가 가득한 환경과 자랑거리를 주십니다.

10월이 되면 교회 창립 때의 일들이 생각납니다.

척박한 환경이었지만 그때의 추억을 떠올리면 참 감사합니다.

세상 사람들에게는 미련해 보였겠지만

십자가의 도는 하나님의 능력입니다.

"십자가의 도가 멸망하는 자들에게는 미련한 것이요

구원을 받는 우리에게는 하나님의 능력이라" 고전1:18

✳

바울 사도는 고린도 교회에 편지를 썼습니다.

그들이 잘 되기를 원해서였습니다.

고린도 교회의 성도들이 끝까지 견고하게

은혜의 자리에 있기를 소원했습니다.

☀

그러나 고린도 교회에 분쟁이 생겼습니다.

"형제들아 내가 우리 주 예수 그리스도의 이름으로

너희를 권하노니 모두가 같은 말을 하고 너희 가운데

분쟁이 없이 같은 마음과 같은 뜻으로 온전히 합하라" 고전1:10

바울, 게바, 그리스도 등으로 계보가 나뉘어

하나되지 못했습니다.

그러자 바울은 오직 예수님께 속하여

하나가 되기를 바라며 교훈했습니다.

"그리스도께서 나를 보내심은

세례를 베풀게 하려하심이 아니요

오직 복음을 전하게 하려 하심이로되

말의 지혜로 하지 아니함은

그리스도의 십자가가 헛되지 않게 하려 함이라" 고전1:17

✳

교회는 말의 지혜로 대화하는 곳이 아닙니다.

십자가를 전하고 복음을 들어야 합니다.

구원은 전적으로 하나님의 능력입니다.

우리의 지혜로 할 수 있는 것은 없습니다.

하나님 앞에 선 사람은 철저하게 자신을 부인하고

하나님의 인도대로 말씀을 믿고 성경대로 살아야 합니다.

그때 지혜가 임합니다.

"다니엘이 말하여 이르되

영원부터 영원까지 하나님의 이름을 찬송할 것은

지혜와 능력이 그에게 있음이로다" 단2:20

하나님은 약한 자를 강하게 하십니다

"하나님의 어리석음이 사람보다 지혜롭고

하나님의 약하심이 사람보다 강하니라" 고전1:25

지혜와 능력은 하나님께 있으므로

하나님의 말씀을 진리로 믿는 지혜가 있어야 합니다.

그리스도인에게 말씀은 반석이며 신앙의 기준입니다.

"형제들아 너희를 부르심을 보라 육체를 따라

지혜로운 자가 많지 아니하며

능한 자가 많지 아니하며

문벌 좋은 자가 많지 아니하도다" 고전1:26

하나님은 사람의 신분이나 능력을 보고 부르시지 않습니다.

예수님이 제자를 선택할 때도 마찬가지였습니다.

이 은혜를 알면 마음이 부유해집니다.

"그러나 하나님께서 세상의 미련한 것들을 택하사

지혜 있는 자들을 부끄럽게 하려 하시고

세상의 약한 것들을 택하사 강한 것들을

부끄럽게 하려 하시며" 고전1:27

※

하나님은 약한 자를 강하게 하십니다.

하나님 안에서 있으면

머리가 되고 꼬리가 되지 않습니다.

환경과 자신을 보고 좌절하지 않길 바랍니다.

전능하신 하나님을 바라봅시다.

하나님이 부르시면

영원히 하나님께 속합니다.

✳

세상의 소망은 풀의 꽃과 같아서 영원하지 못합니다.

미모, 권력, 재물, 영광도 영원하지 않습니다.

오로지 하나님을 의지하는 것이 힘입니다.

하나님 안에 거하는 것, 이상의 복은 없습니다.

"그는 물 가에 심어진 나무가 그 뿌리를 강변에 뻗치고

더위가 올지라도 두려워하지 아니하며 그 잎이 청청하며

가무는 해에도 걱정이 없고

결실이 그치지 아니함 같으리라" 렘17:8

✳

자신의 약함을 인정하고

자신을 부인하며 예수님을 따라감으로

안전한 예수님 품에 거하기를 소원합니다.

"이에 예수께서 제자들에게 이르시되

누구든지 나를 따라오려거든

자기를 부인하고 자기 십자가를 지고

나를 따를 것이니라" 마16:24

예수님을 만난 것이 자랑입니다

예수님을 만나면 복음의 입이 열립니다.

사마리아 여인이 대낮에 물을 길으러 우물가에 갔다가

예수님을 만난 후에 자랑거리가 생겼습니다.

“여자가 물동이를 버려 두고 동네로 들어가서 사람들에게 이르되

내가 행한 모든 일을 내게 말한 사람을 와서 보라

이는 그리스도가 아니냐 하니” 요4:28-29

예수님을 만나면 자랑거리가 생깁니다.

저에게도 자랑거리가 많습니다.

병을 고쳐주셨고, 환경을 이기게 하셨고,

꿈을 통해 인도하셨습니다.

모든 것이 하나님의 은혜로 얻은 간증입니다.

여러분에게도 자랑거리가 계속 넘쳐나길 바랍니다.

✳

아람에 포로로 잡혀간 이스라엘 소녀는

이스라엘의 선지자 엘리사가 자랑거리였습니다.

"그의 여주인에게 이르되

우리 주인이 사마리아에 계신

선지자 앞에 계셨으면 좋겠나이다

그가 그 나병을 고치리이다 하는지라" 왕하5:3

그 소녀가 자랑한 대로 아람 왕의 군대 장관 나아만은

엘리사를 통해 회복되었습니다.

소녀는 성경에 존귀한 이름을 남겼습니다.

전도자는 하나님이 인정하는 복을 받습니다.

"지혜 있는 자는 궁창의 빛과 같이 빛날 것이요

많은 사람을 옳은 데로 돌아오게 한 자는

별과 같이 영원토록 빛나리라" 단12:3

 ## 주 안에서 자랑하는 자는 상을 받습니다

"하나님께서 세상의 천한 것들과

멸시 받는 것들과 없는 것들을 택하사

있는 것들을 폐하려 하시나니

이는 아무 육체도 하나님 앞에서

자랑하지 못하게 하려 하심이라" 고전1:28-29

바울은 사람들에게

예수님을 만난 것을 자랑했습니다.

그 자랑은 복음으로, 구원으로 연결되었습니다.

하나님께 받은 복과 은혜를 자랑하고,

십자가 사랑과 하나님의 보호하심을 자랑해야 합니다.

그런 간증을 통해서 서로의 신앙이 성숙하고

성령께서 역사하십니다.

✴

“너희는 하나님으로부터 나서

그리스도 예수 안에 있고

예수는 하나님으로부터 나와서

우리에게 지혜와 의로움과

거룩함과 구원함이 되셨으니

기록된 바 자랑하는 자는

주 안에서 자랑하라 함과 같게 하려 함이라” 고전1:30-31

✴

예수님을 자랑하면 구원의 열매가 있습니다.

모든 영광은 하나님이 받으십니다.

예수님을 사랑하면 교회는 단단해지고 구원받습니다.

예수님은 우리의 반석이시고 천국으로 가는

길이며 진리이며 생명이십니다.

우리 교회가 지금까지 보호받음은 예수님 때문이며

주님의 사람들인 신령한 가족 때문입니다.

늘 예수님을 자랑하며 승리하는 교회가 되길

주님의 이름으로 축원합니다.

감추어진 영광을 찾으라

Message

02

1 형제들아 내가 너희에게 나아가 하나님의 증거를 전할 때에 말과 지혜의 아름다운 것으로 아니하였나니 2 내가 너희 중에서 예수 그리스도와 그가 십자가에 못 박히신 것 외에는 아무 것도 알지 아니하기로 작정하였음이라 3 내가 너희 가운데 거할 때에 약하고 두려워하고 심히 떨었노라 4 내 말과 내 전도함이 설득력 있는 지혜의 말로 하지 아니하고 다만 성령의 나타나심과 능력으로 하여 5 너희 믿음이 사람의 지혜에 있지 아니하고 다만 하나님의 능력에 있게 하려 하였노라 6 그러나 우리가 온전한 자들 중에서는 지혜를 말하노니 이는 이 세상의 지혜가 아니요 또 이 세상에서 없어질 통치자들의 지혜도 아니요 7 오직 은밀한 가운데 있는 하나님의 지혜를 말하는 것으로서 곧 감추어졌던 것인데 하나님이 우리의 영광을 위하여 만세 전에 미리 정하신 것이라 8 이 지혜는 이 세대의 통치자들이 한 사람도 알지 못하였나니 만일 알았더라면 영광의 주를 십자가에 못 박지 아니하였으리라

✳

낮이 길면 밤이 짧아지고

밤이 길면 낮이 짧아지는 것이 자연의 섭리입니다.

웃음이 있으면 다른 곳에서는 울음이 터져나올 수 있습니다.

옛 우화 중에 우산 장사와 짚신 장사 두 아들을 둔

어머니 이야기가 있습니다.

비 올 때는 짚신을 파는 아들 생각에,

비가 오지 않을 때는 우산을 파는 아들 생각에

늘 걱정뿐이었습니다.

그런데 반대로 생각하면 날마다 감사할 수 있습니다.

비가 오면 우산이 잘 팔리고,

해가 뜨면 짚신이 잘 팔리므로 감사할 수 있습니다.

없는 것에 연연하지 말고

있는 것에 감사하고 자족하며

새롭게 시작합시다.

✳

창립 때부터 지금까지 되새겨보면

하나님이 저에게 자족하는 마음을 주셨습니다.

예전에는 채워지지 않은 것에 더 마음을 쏟았지만

세월이 더할수록 주신 것에 감사함이 큽니다.

✳

하박국 선지자는

나무에 열매가 없고 많은 것이 없었지만

여호와로 말미암아 기뻐했습니다.

구원 받은 것이 최고의 기쁨입니다.

"비록 무화과나무가 무성하지 못하며

포도나무에 열매가 없으며 감람나무에 소출이 없으며

밭에 먹을 것이 없으며 우리에 양이 없으며

외양간에 소가 없을지라도 나는 여호와로 말미암아 즐거워하며

나의 구원의 하나님으로 말미암아 기뻐하리로다" 합3:17-18

＊

세상 사람들 눈에는 감추어진 영광이

바울 사도의 눈에는 열렸습니다.

예수님이 하나님의 아들임을 믿었고

사망 권세를 이기신 예수님을 깨달았습니다.

"오직 은밀한 가운데 있는 하나님의 지혜를 말하는 것으로서

곧 감추어졌던 것인데 하나님이 우리의 영광을 위하여

만세 전에 미리 정하신 것이라" 고전2:7

우리도 감추어진 영광을 찾고

감사하며 자족하길 바랍니다.

부활을 믿음이 능력입니다

"형제들아 내가 너희에게 나아가 하나님의 증거를 전할 때에 말과
지혜의 아름다운 것으로 아니하였나니" 고전2:1

❋

가장 귀한 것은 하나님의 말씀입니다.

바울은 자신의 철학과 지혜와 주장이 있는 사람이었습니다.

그러나 바울은 전도 여행을 하면서

자신의 말과 지혜로는

사람을 변화시키지 못함을 깨달았습니다.

"바울이 아덴에서 그들을 기다리다가

그 성에 우상이 가득한 것을 보고 마음에 격분하여

회당에서는 유대인과 경건한 사람들과

또 장터에서는 날마다 만나는 사람들과 변론하니

어떤 에피쿠로스와 스토아 철학자들도

바울과 쟁론할새" 행17:16-18a

✳

바울이 만나는 사람들과 쟁론할 때

말쟁이, 이방신을 전하는 사람이라고 평가받았습니다.

자신이 알고 있는 지식이나 의분으로는

교회가 세워질 수 없음을 깊이 깨달았습니다.

그 후에 고린도에 간 바울은 그 실패를 경험 삼아

오직 예수의 십자가, 성령의 능력만을 의지하여

복음을 전하고 고린도 교회를 세웠습니다.

저도 목회를 하며

하나님의 치료와 보호를 체험했습니다.

영계의 싸움을 경험하며

더욱 확고한 믿음과 성장에 대한 꿈을 꾸었습니다.

목회를 시작할 당시 40대였던 분들이

함께 세월을 지나온 모습을 보니

믿음을 가지고

자녀를 주 안에서 키우며 자족하는 삶이

최고의 축복입니다.

진리 위에 진실함의 원칙이 세워지고

바른 역사관을 지켜야 합니다.

유대인들의 강한 역사의식은

그들을 세계 속에서 강하고 저력 있는 민족으로

뿌리내리게 했습니다.

왜곡된 역사를 배우면

잘못된 여론에 휘말리고, 꿈을 잃습니다.

진리 위에 진실함이 있어야

환경을 이길 수 있습니다.

✒ 성령의 능력이 필요합니다

"내가 너희 중에서 예수 그리스도와

그가 십자가에 못 박히신 것 외에는

아무것도 알지 아니하기로 작정하였음이라" 고전2:2

바울은 사망의 권세를 이기신 예수님만 알기로

거룩한 작정을 했습니다.

다니엘과 친구들도

하나님의 율법을 지키기로

뜻을 정하고 왕의 진미를 거절했습니다.

"다니엘은 뜻을 정하여

왕의 음식과 그가 마시는 포도주로

자기를 더럽히지 아니하리라 하고

자기를 더럽히지 아니하도록 환관장에게 구하니

하나님이 다니엘로 하여금 환관장에게

은혜와 긍휼을 얻게 하신지라" 단1:8-9

※

신앙과 삶을 따로 구분하지 않고
배운 말씀을 삶에 적용했습니다.
말씀에 기준해 뜻을 정하자
하나님이 승리하게 하셨습니다.
말씀이 삶으로 나타나면 열매가 있습니다.

※

우리는 십자가 사랑을 전하고,
자족하고, 인내하고, 사랑하기로
뜻을 정해야 합니다.
죽을 각오로 그 뜻을 지켰을 때
하나님은 긍휼을 얻게 하셨습니다.
하나님은 원수도 갚아 주십니다.

"내 사랑하는 자들아 너희가 친히 원수를 갚지 말고
하나님의 진노하심에 맡기라 기록되었으되
원수 갚는 것이 내게 있으니 내가 갚으리라고
주께서 말씀하시니라" 롬12:19
원수를 갚지 않고 용서하기를 결단하면
하나님이 해결해 주십니다.

"내가 너희 가운데 거할 때에
약하고 두려워하고 심히 떨었노라
내 말과 내 전도함이 설득력 있는
지혜의 말로 하지 아니하고
다만 성령의 나타나심과 능력으로 하여"

고전2:3-4

※

바울 사도는 고린도 교회를 세울 때
약했고 두려워했습니다.
그는 세 번씩이나 건강을 달라고
절박하게 기도할 정도로 몸이 약했습니다.
그러나 그 상황에서도 오직 성령을 의지하고
하나님의 능력을 빌었습니다.

지금까지 우리 교회의 역사를 보아도
영적 싸움에서의 승리의 비결은
오직 말씀과 기도뿐이라는 것을 깨닫습니다.
목양일념의 정신으로 결단할 때
하나님이 우리 교회를 건강한 교회가 되게 해주셨습니다.
나의 나 된 것은 하나님의 은혜입니다.

하나님의 지혜는 감추어져 있습니다

"너희 믿음이 사람의 지혜에 있지 아니하고

다만 하나님의 능력에 있게 하려 하였노라" 고전2:5

시각 장애인이 사람을 인도할 수 없듯이

세상의 지혜는 영적인 것을 알지 못합니다.

"그러나 우리가 온전한 자들 중에서는 지혜를 말하노니

이는 이 세상의 지혜가 아니요

또 이 세상에서 없어질 통치자들의 지혜도 아니요" 고전2:6

바울이 전하는 것은

성령의 감동된 하나님의 말씀입니다.

교회는 세상이나 통치자의 지혜 가운데 있지 않습니다.

하나님의 능력은 그들에게 숨겨져 있습니다.

"이 지혜는 이 세대의 통치자들이

한 사람도 알지 못하였나니

만일 알았더라면 영광의 주를

십자가에 못 박지 아니하였으리라" 고전2:8

✹

우리의 구원과 선택은

하나님에 의해 이루어졌습니다.

통치자들은 하나님의 계획을 몰랐으므로

구원의 주님을 십자가에 못 박았습니다.

세상 권력이 하나님이 세운 교회를 지배하려 하면

가시채를 뒷발질하는 것과 같아서

큰 잘못을 범하고 수많은 사람을 불행하게 할 수 있습니다.

✹

세상의 권력은 그 기능대로 국민들을 보호하고

하나님의 말씀은 그대로 이루어져야

세상이 복을 받습니다.

세상 권력은 교회나 성도들을 박해합니다.

그러나 세상의 박해에도 교회나 성도는

결코 무너지지 않습니다.

하나님의 약속은
꼭 이루어집니다.

"또 내가 네게 이르노니 너는 베드로라
내가 이 반석 위에 내 교회를 세우리니
음부의 권세가 이기지 못하리라" 마16:18

※

미운 사람을 사랑으로 품고

고통을 감사로 여깁시다.

※

믿음 안에서 할 수 있습니다.

하나님께서 보호하시면 전쟁도 두렵지 않습니다.

우리에게 보여주신 저 영광을 보며

더욱 희망차게 일어나길

주님의 이름으로 축원합니다.

잘 속하여
상 받으라

Message

03

1 형제들아 내가 신령한 자들을 대함과 같이 너희에게 말할 수 없어서 육신에 속한 자 곧 그리스도 안에서 어린 아이들을 대함과 같이 하노라 2 내가 너희를 젖으로 먹이고 밥으로 아니하였노니 이는 너희가 감당하지 못하였음이거니와 지금도 못하리라 3 너희는 아직도 육신에 속한 자로다 너희 가운데 시기와 분쟁이 있으니 어찌 육신에 속하여 사람을 따라 행함이 아니리요 4 어떤 이는 말하되 나는 바울에게라 하고 다른 이는 나는 아볼로에게라 하니 너희가 육의 사람이 아니리요 5 그런즉 아볼로는 무엇이며 바울은 무엇이냐 그들은 주께서 각각 주신 대로 너희로 하여금 믿게 한 사역자들이니라 6 나는 심었고 아볼로는 물을 주었으되 오직 하나님께서 자라나게 하셨나니 7 그런즉 심는 이나 물 주는 이는 아무 것도 아니로되 오직 자라게 하시는 이는 하나님뿐이니라 8 심는 이와 물 주는 이는 한가지이나 각각 자기가 일한 대로 자기의 상을 받으리라 9 우리는 하나님의 동역자들이요 너희는 하나님의 밭이요 하나님의 집이니라

✳

바울 사도는 다메섹에서 예수님을 만나고

신령한 체험을 한 후에 변화되었습니다.

이후 그는 예수님의 제자의 반열에 속했고

구약의 약속을 그대로 믿었습니다.

바울 사도는 고린도 교회에 쓴 편지에

이사야 선지자의 예언이 성취됐음을 말했습니다.

"기록된 바 하나님이 자기를 사랑하는 자들을 위하여

예비하신 모든 것은 눈으로 보지 못하고 귀로 듣지 못하고

사람의 마음으로 생각하지도 못하였다 함과 같으니라" 고전2:9

하나님이 보여주셔도

인간의 이성적 눈과 세상의 가치관으로는

그 영광을 깨닫거나 볼 수 없습니다.

유대인들은 구원자로 오신 예수님을 만나도,

구원자임을 알지 못하고 십자가에 못 박았습니다.

✳

그러나 성령을 받으면

하나님의 깊은 뜻을 알고 모든 것에 통달합니다.

영적인 것은 영적으로 분별할 수 있습니다.

육신에 속한 사람은 성령의 일을 알지 못할 뿐 아니라

성령의 역사를 어리석게 봅니다.

신령한 사람은 모든 것을 판단할 능력이 있지만

아무에게도 판단을 받지 않는다고 했습니다.

하나님의 뜻을 따르는 길은

누구도 판단하지 못합니다.

성령이 하시는 일을 판단하는 것은

피조물이 조물주를 판단하는 것임으로 죄입니다.

바울 사도는 어둠에 속한 자, 육신에 속한 자,

신령한 자 곁에 속한 자,

이 세 종류의 사람을 통해 교훈을 줍니다.

 ## 육신에 속한 자는 어린아이 같습니다

"형제들아 내가 신령한 자들을 대함과 같이

너희에게 말할 수 없어서 육신에 속한 자

곧 그리스도 안에서 어린 아이들을 대함과 같이 하노라" 고전3:1

교회 안에도 어린아이와 같은 사람이 있습니다.

아이는 약이 쓰다고 싫어하지만

부모는 약이 아이의 병을 치료할 것을 알기에

쓰다고 싫어해도 먹입니다.

천국을 깨달은 신령한 성도는

고난과 헌신을 누림으로 압니다.

"고난 당한 것이 내게 유익이라

이로 말미암아 내가 주의 율례들을

배우게 되었나이다" 시119:71

✳

육에 속한 사람은 십자가의 복음을 듣지 않으려 합니다.

물질, **명예**, 환경, 핍박 때문에 예수님을 떠납니다.

예수 그리스도를 믿고, 택한 백성이 되었지만

영적으로 장성하지 못하면 아이같이 대우받습니다.

그들은 어린아이 같아서 항상 보호해야 하고

약해서 일을 시킬 수도 없습니다.

또 자기중심적입니다.

✳

"내가 너희를 젖으로 먹이고 밥으로 아니하였노니

이는 너희가 감당하지 못하였음이거니와 지금도 못하리라" 고전3:2

어린아이 같은 신자들은

십자가와 고난의 내용으로 설교하면

딱딱하다며 부담스러워합니다.

그러나 이 단계를 잘 인내하기를 바랍니다.

사랑으로 주시는 말씀을 믿음으로 받고

어린아이의 단계를 벗어나

장성한 신앙인으로 자라기를 바랍니다.

✒️ 시기와 분쟁을 다스려야 합니다

"너희는 아직도 육신에 속한 자로다

너희 가운데 시기와 분쟁이 있으니

어찌 육신에 속하여

사람을 따라 행함이 아니리요" 고전3:3

육신에 속한 자는 시기와 분쟁이 있습니다.

남이 잘 되는 것을 보지 못하고 불평하고 대적합니다.

시기는 불신자의 세계에서만 일어나지 않습니다.

아벨에 대한 가인의 시기심은 살인을 초래했습니다.

가인은 하나님이 아벨의 제사만 받아

불을 내리신 것을 알고 아벨을 시기하여 죽였습니다.

✴

시기는 분노를 부르고 심지어 살인하게 합니다.

은혜받은 사람을 시기하지 말고

주님의 마음으로 늘 자족하며 살아가길 바랍니다.

고린도 교회도 시기로 인해 문제가 생겼습니다.

바울은 그것을 육신의 소욕이라 했습니다.

✳

사람이 모이면 지연, 학연, 혈연,

정치 성향에 따라 편을 가르기도 합니다.

고린도 교회는 바울과 아볼로 파로 나뉘었습니다.

이때 바울은

우리는 씨 뿌리고 물을 주는 사람일 뿐

아무 것도 아니며

예수님만 믿어야 한다고 말했습니다.

하나 되지 못하는 것은

육신에 속하는 일입니다.

예수님 안에서는

하나가 되어야 합니다.

"그런즉 아볼로는 무엇이며 바울은 무엇이냐

그들은 주께서 각각 주신 대로

너희로 하여금 믿게 한 사역자들이니라" 고전3:5

✳

장성한 신자는 예수님 안에서
교파, 신분, 국경, 빈부를 초월해 전도하고
주 안에서 교류합니다.
"나는 심었고 아볼로는 물을 주었으되
오직 하나님께서 자라나게 하셨나니" 고전3:6
자라나게 하고 열매 맺게 하시는 분은
오직 하나님입니다.

✳

모든 사역은
예수님을 만나게 하는 것이 목적입니다.
예수님을 만나면
문제가 해결되고
영원이 보장되고
시기의 병이 치료됩니다.

✳

말씀을 떠나면 문제를 칼로, 힘으로 해결하려고 합니다.

그것은 죽음을 부르는 길입니다.

사울은 다윗을 시기해 군사 삼천 명을 동원하여

죽이려 했지만 하나님이 다윗을 보호했습니다.

잘하는 사람이 있다면

더 잘하도록 높여 주어야 합니다.

다윗은 시기를 받을 때 인격이 더 성숙했습니다.

오늘날도 교회를 시기하는 세력들이 있지만

하나님이 붙드시는 교회는 환난 중에도 늘 승리합니다.

예수님을 믿으면 승리만이 있습니다.

"아무 일에든지 다툼이나 허영으로 하지 말고

오직 겸손한 마음으로 각각 자기보다 남을 낮게 여기고

각각 자기 일을 돌볼뿐더러

또한 각각 다른 사람들의 일을 돌보아

나의 기쁨을 충만하게 하라" 빌2:3-4

하나님은 일한대로 상을 주십니다

"심는 이와 물 주는 이는 한가지이나
각각 자기가 일한 대로 자기의 상을 받으리라" 고전3:8
하나님은 일한 대로 상을 주십니다.
또 하나님은 각자에게
은사를 주시고 직분을 주셨습니다.

목사, 장로, 권사, 집사는 각각의 상급이 있습니다.
심는 사람이 있고, 물 주는 사람이 있습니다.
각자의 위치와 역할이 다릅니다.
하나님은 사울에게는 왕권을 주셨고,
사무엘에게는 제사장과 선지자의 사명을 주셨습니다.
사울 왕이 제사장의 일을 대신했을 때
하나님께 징계를 받았고 왕권을 잃었습니다.

✳

우리는 자신의 위치에서
최선을 다할 때 큰 상급을 받습니다.
우리는 하나님 앞에서
아주 소중한 사람입니다.

"우리는 하나님의 동역자들이요
너희는 하나님의 밭이요
하나님의 집이니라" 고전3:9

✳

우리는 모두 전도의 동역자입니다.

또 하나님의 말씀이 심겨져

행동으로 나타나는 밭입니다.

예수님은 사람의 마음을

돌짝 밭, 길가 밭, 가시떨기 밭,

옥토 밭으로 비유했습니다.

옥토 밭은 하나님의 말씀을 듣고

마음속에 간직하여 결실을 맺는 밭입니다.

옥토 밭과 같은 마음으로

하나님이 기뻐하시는 삶을 살길 바랍니다.

이 사명을 깨달으면

어떤 환난과 고통에도 승리할 수 있습니다.

✻

대한민국이 예수님을 믿는 자리에 속하길 바랍니다.

우리는 자유민주주의 국가이고

전쟁보다 평화를 사랑하는 민족입니다.

분별력을 가지고 잘 속하는

대한민국과 한국 교회가 되기를 축복합니다.

✻

사랑하는 성도 여러분,

예수님께 속한 것이 가장 큰 축복입니다.

예수님께 속하여 자자손손 하나님의 축복 속에

승리하기를 주님의 이름으로 축원합니다.

멸망함을 피하라

Message

04

10 내게 주신 하나님의 은혜를 따라 내가 지혜로운 건축자와 같이 터를 닦아 두매 다른 이가 그 위에 세우나 그러나 각각 어떻게 그 위에 세울까를 조심할지니라 11 이 닦아 둔 것 외에 능히 다른 터를 닦아 둘 자가 없으니 이 터는 곧 예수 그리스도라 12 만일 누구든지 금이나 은이나 보석이나 나무나 풀이나 짚으로 이 터 위에 세우면 13 각 사람의 공적이 나타날 터인데 그 날이 공적을 밝히리니 이는 불로 나타내고 그 불이 각 사람의 공적이 어떠한 것을 시험할 것임이라 14 만일 누구든지 그 위에 세운 공적이 그대로 있으면 상을 받고 15 누구든지 그 공적이 불타면 해를 받으리니 그러나 자신은 구원을 받되 불 가운데서 받은 것 같으리라 16 너희는 너희가 하나님의 성전인 것과 하나님의 성령이 너희 안에 계시는 것을 알지 못하느냐 17 누구든지 하나님의 성전을 더럽히면 하나님이 그 사람을 멸하시리라 하나님의 성전은 거룩하니 너희도 그러하니라 18 아무도 자신을 속이지 말라 너희 중에 누구든지 이 세상에서 지혜 있는 줄로 생각하거든 어리석은 자가 되라 그리하여야 지혜로운 자가 되리라

✳

고린도 교회는

바른 복음을 들을 수 있는

복된 교회였습니다.

하나님이 세운 직분자는

각각의 사역을 통해 복음을 듣는 이들의

삶이 거룩해지도록 해야 합니다.

하나님은 복음 전하는 사람의 수고를

꼭 기억하십니다.

"심는 이와 물 주는 이는 한가지이나

각각 자기가 일한 대로

자기의 상을 받으리라

우리는 하나님의 동역자들이요

너희는 하나님의 밭이요

하나님의 집이니라" 고전3:8-9

※

하나님은 성령의 감동을 받은 백성을 찾아
구원 사역을 하게 하십니다.
주전 1900년경 지금의 사해바다가 있는 곳에
소돔과 고모라가 있었습니다.
그 성은 매우 타락하여
의인이 발을 붙일 수 없는 환경이었습니다.

하나님은 소돔과 고모라에
심판이 임할 것을 롯에게 알렸습니다.
롯은 하나님의 말씀을 듣고 그 사실을 가족에게 알렸고,
하나님의 보호를 받았습니다.
그러나 롯의 아내는 뒤를 돌아보았으므로 소금기둥이 되었고
사위들은 듣는 복을 받았음에도
농담으로 여겨 유황불 심판을 받았습니다.

노아 홍수 때도 하나님의 말씀에 순종한

노아의 가정만 구원을 받았습니다.

시대 속에서 참된 구원의 사람이 되어

멸망의 자리에서도

하나님의 보호를 받는 여러분이 되길 바랍니다.

말씀의 반석에 서야 무너지지 않습니다

"내게 주신 하나님의 은혜를 따라

내가 지혜로운 건축자와 같이 터를 닦아 두매

다른 이가 그 위에 세우나

그러나 각각 어떻게 그 위에 세울까를 조심할지니라" 고전3:10

무너지지 않는 곳에 집을 건축하려면

반석 위에 집을 세워야 합니다.

"비가 내리고 창수가 나고 바람이 불어

그 집에 부딪치되 무너지지 아니하나니

이는 주추를 반석 위에 놓은 까닭이요" 마7:25

✳

사람도 환경에 지지 않기 위해

반석 같은 지식과 가치관을 가져야 합니다.

길과 진리와 생명이신 예수님을 믿으면

어떤 비바람도 이길 수 있는 능력이 생깁니다.

예수님을 하나님의 아들로 아는 것은 복입니다.

✳

"시몬 베드로가 대답하여 이르되 주는 그리스도시요
살아 계신 하나님의 아들이시니이다
예수께서 대답하여 이르시되
바요나 시몬아 네가 복이 있도다
이를 네게 알게 한 이는 혈육이 아니요
하늘에 계신 내 아버지시니라" 마16:16-17
베드로의 고백을 들은 예수님은
하나님이 약속하신 은혜를 말했습니다.

✳

"또 내가 네게 이르노니 너는 베드로라
내가 이 반석 위에 내 교회를 세우리니
음부의 권세가 이기지 못하리라" 마16:18
반석 위의 집은
음부의 권세가 대적해도 넘어지지 않습니다.
음부의 권세를 이기는 능력도 있습니다.
의가 있는 곳에는 핍박이 있기 마련입니다.

✳

믿음대로 살 때 여러 가지 어려운 환경이 오지만

승리는 믿음의 사람의 것입니다.

"네가 네 하나님 여호와의 말씀을 삼가 듣고

내가 오늘 네게 명령하는 그의 모든 명령을 지켜 행하면

네 하나님 여호와께서 너를 세계 모든 민족 위에

뛰어나게 하실 것이라" 신28:1

말씀을 붙들면 하나님이 높이십니다.

예수님은 완전한 반석입니다.

말씀의 반석 위에 서야 넘어지지 않습니다.

"이 닦아 둔 것 외에 능히 다른 터를 닦아 둘 자가 없으니

이 터는 곧 예수 그리스도라" 고전3:11

✳

전도할 때, 물질을 드릴 때, 도움을 줄 때
서운한 마음이 들면 시험입니다.
선을 행할 때 주님의 마음을 가져야 합니다.

✳

"만일 누구든지
그 위에 세운 공적이 그대로 있으면 상을 받고
누구든지 그 공적이 불타면 해를 받으리니
그러나 자신은 구원을 받되
불 가운데서 받은 것 같으리라" 고전3:14-15
하늘의 상급을 쌓아
영화 구원을 이루어가길 바랍니다.

※

"또 너희가 내 이름으로 말미암아

모든 사람에게 미움을 받을 것이나

끝까지 견디는 자는 구원을 받으리라" 막13:13

예수님을 믿음으로 인해 핍박을 받으나

끝까지 견디면 구원을 얻습니다.

세상에서 칭찬받기보다

진리 가운데 순교자의 각오로 살며

하나님의 보호를 체험하는 여러분이 되길 바랍니다.

✒ 우리는 하나님의 성전입니다

"너희는 너희가 하나님의 성전인 것과

하나님의 성령이 너희 안에 계시는 것을 알지 못하느냐" 고전3:16

우리는 성전이며 마음에 성령이 내재해 있습니다.

하나님의 성전은 거룩해야 하고

하나님의 뜻대로 관리되어야 합니다.

✳

성령이 내재하시면

능력과 지혜가 임합니다.

"누구든지 하나님의 성전을 더럽히면

하나님이 그 사람을 멸하시리라

하나님의 성전은 거룩하니 너희도 그러하니라" 고전3:17

누구든지 성전을 더럽히면 하나님이 멸하십니다.

예루살렘 성전도 거룩함을 상실했을 때

하나님이 헐어버리셨습니다.

그러나 거룩함을 지키면

풀무불이나 사자 굴에서도 하나님이 보호하십니다.

❋

거룩의 기준은 말씀이며

진정한 개혁은 성경으로 돌아오는 것입니다.

성령을 의지하고 말씀으로 돌아가

하나님의 살아계심을 체험하길 바랍니다.

보호받는 길은

오직 거룩한 삶을 사는 것입니다.

거룩한 삶, 믿음의 삶,

사랑의 삶, 감사의 삶을 살아갑시다.

성도는 거룩해야 합니다

교회가 하나 되지 못하고

육신에 속하여 분쟁하는 모습을 본 바울 사도가 말했습니다.

"너희는 아직도 육신에 속한 자로다

너희 가운데 시기와 분쟁이 있으니

어찌 육신에 속하여 사람을 따라 행함이 아니리요" 고전3:3

주님 앞에서 세상의 지혜는 어리석은 것입니다.

"아무도 자신을 속이지 말라

너희 중에 누구든지 이 세상에서

지혜 있는 줄로 생각하거든 어리석은 자가 되라

그리하여야 지혜로운 자가 되리라" 고전3:18

세상의 지혜는 그 꾀로 인해 고통과 죽임을 당합니다.

다름을 용납하지 않고

자기의 의에 도취하여 사는 것은

결국 대적만 생산할 뿐입니다.

✳

"그런즉 누구든지 사람을 자랑하지 말라

만물이 다 너희 것임이라" 고전3:21

사람의 의를 자랑하지 않고

오직 진리를 자랑하고 구원자를 자랑합시다.

이것이 참된 지혜입니다.

반석이신 예수님을 믿으면

어떤 환경에서도 신앙이 흔들리지 않습니다.

반석 위에 신앙을 세워

흔들림 없는 믿음으로

영원하고 강건한 복을 누리시길

주님의 이름으로 축원합니다.

비밀을 맡은 자

Message

05

1 사람이 마땅히 우리를 그리스도의 일꾼이요 하나님의 비밀을 맡은 자로 여길지어다 2 그리고 맡은 자들에게 구할 것은 충성이니라 3 너희에게나 다른 사람에게나 판단 받는 것이 내게는 매우 작은 일이라 나도 나를 판단하지 아니하노니 4 내가 자책할 아무 것도 깨닫지 못하나 이로 말미암아 의롭다 함을 얻지 못하노라 다만 나를 심판하실 이는 주시니라 5 그러므로 때가 이르기 전 곧 주께서 오시기까지 아무 것도 판단하지 말라 그가 어둠에 감추인 것들을 드러내고 마음의 뜻을 나타내시리니 그 때에 각 사람에게 하나님으로부터 칭찬이 있으리라 6 형제들아 내가 너희를 위하여 이 일에 나와 아볼로를 들어서 본을 보였으니 이는 너희로 하여금 기록된 말씀 밖으로 넘어가지 말라 한 것을 우리에게서 배워 서로 대적하여 교만한 마음을 가지지 말게 하려 함이라 7 누가 너를 남달리 구별하였느냐 네게 있는 것 중에 받지 아니한 것이 무엇이냐 네가 받았은즉 어찌하여 받지 아니한 것 같이 자랑하느냐 8 너희가 이미 배 부르며 이미 풍성하며 우리 없이도 왕이 되었도다 우리가 너희와 함께 왕 노릇 하기 위하여 참으로 너희가 왕이 되기를 원하노라 9 내가 생각하건대 하나님이 사도인 우리를 죽이기로 작정된 자 같이 끄트머리에 두셨으매 우리는 세계 곧 천사와 사람에게 구경거리가 되었노라

※

하나님은 택한 백성을 구원하기 위해

예수님을 이 땅에 보냈습니다.

예수님은 마지막 3년의 공생애 기간 동안

제자들과 동고동락하며 친히 복음적인 삶을 실천했습니다.

낮에는 복음을 전하며 병든 자를 고치고 약한 자를 위로했습니다.

또 밤이면 감람산 나무 밑에서 밤이슬을 맞으며

하나님의 뜻대로 살기 위해 기도했습니다.

※

그러나 어둠에 속한 자들은

선을 선으로, 의를 의로 보지 못했습니다.

그들은 군중의 시기와 분란을 조장했습니다.

여론을 몰아 빌라도를 압박해

예수님을 골고다 언덕의 십자가에 달아 죽였습니다.

그들은 자신들이 승리한 줄 알았지만

예수님의 사역은 십자가의 죽음으로 끝나지 않았습니다.

예수님은 부활하고 승천했습니다.

✳

이후 마가의 다락방에 성령을 보내어

능력을 입히시고 거룩한 사역을 감당하게 했습니다.

"오직 성령이 너희에게 임하시면 너희가 권능을 받고

예루살렘과 온 유대와 사마리아와 땅 끝까지 이르러

내 증인이 되리라 하시니라" 행1:8

바울 사도는 성령의 능력으로 복음을 전하는 중에

고린도 교회를 세웠습니다.

바울 사도는 고린도 교회 성도들을 많이 사랑했습니다.

하나님의 비밀을 아는 복을 받았습니다

"사람이 마땅히 우리를 그리스도의 일꾼이요

하나님의 비밀을 맡은 자로 여길지어다" 고전4:1

바울과 형제 소스데네는 그리스도의 일꾼이며

하나님의 비밀을 맡은 자입니다.

오늘날의 목사, 장로, 모든 직분자를 가리킵니다.

✳

그리스도의 일꾼은

그리스도의 일을 하고

그리스도의 영광을 생각하며

어둠의 권세와 싸워서 이깁니다.

예수님을 구주로 믿는 것은 행복입니다.

✳

하나님의 영광을 위해 일을 하면

비밀을 알게 하십니다.

하나님은 다니엘에게

꿈을 해몽할 수 있는 복을 주어서

느부갓네살 왕의 꿈의 비밀을 알게 하셨습니다.

"이에 이 은밀한 것이 밤에 환상으로

다니엘에게 나타나 보이매

다니엘이 하늘에 계신 하나님을 찬송하니라" 단2:19

✳

하나님은 성령을 통해 믿음을 주시고

보이지 않는 천국을 믿게 하십니다.

하나님의 일꾼은 세상의 평가나 판단에

흔들리지 않습니다.

"너희에게나 다른 사람에게나 판단 받는 것이

내게는 매우 작은 일이라

나도 나를 판단하지 아니하노니" 고전4:3

바울 사도는 사람의 평가나 판단을 개의치 않았습니다.

사람의 평가는 믿을 수가 없기 때문입니다.

"이제 내가 사람들에게 좋게 하랴

하나님께 좋게 하랴

사람들에게 기쁨을 구하랴

내가 지금까지 사람들의 기쁨을 구하였다면

그리스도의 종이 아니니라" 갈1:10

✳

바울은 그리스도의 종으로서

사람에게 인정받기 위해 노력하지 않고,

기쁨을 구하지도 않았습니다.

하나님의 사람은 하나님의 뜻을 먼저 생각합니다.

하지만 세상에 속한 사람은 세상을 먼저 생각합니다.

육에 속한 사람은 자기에게 도취되고

항상 자신을 먼저 생각합니다.

✳

자신의 환경과 과거와 연약함에 붙들려 지체하지 말고

오직 믿음으로 극복하는 지혜가 있길 바랍니다.

승리의 예수님을 믿으면 우리도 함께 승리합니다.

✒️ 하나님의 칭찬을 기대합시다

"그러므로 때가 이르기 전

곧 주께서 오시기까지 아무것도 판단하지 말라

그가 어둠에 감추인 것들을 드러내고

마음의 뜻을 나타내시리니 그 때에 각 사람에게

하나님으로부터 칭찬이 있으리라" 고전4:5

✳

하나님은 삶의 결과에 따라 칭찬하십니다.

나무는 열매로 평가받고

사람은 행함의 결과로 평가받습니다.

하나님께 칭찬받는 것은 중요합니다.

그리스도인은 시험을 이길 때

영원한 아름다움을 얻습니다.

✳

사람들은 예수님을 정죄했지만

하나님은 그를 사랑하는 아들이라 했습니다.

사람의 말에 실족하지 않고 하나님만 바라보며

즐겁게 신앙생활 하기를 바랍니다.

하나님의 뜻대로 살면 지혜롭고 안전하게 보호받습니다.

하나님의 보호를 받은 사람은 오직 하나님께 충성해야 합니다.

"그리고 맡은 자들에게 구할 것은 충성이니라" 고전4:2

악인은 악한 일에 충성하고 의인은 의로운 일에 충성합니다.

✳

바울이 예수님을 만난 후에

생명을 내어놓고 복음을 전했습니다.

생명의 면류관이 있는 일에 충성합시다.

우리 교회는 지금까지 행복하게 충성했습니다.

앞으로도 계속 충성하여

모두 하나님 안에서 평강하길 바랍니다.

 # 말씀 밖으로 넘어가지 않아야 합니다

"형제들아 내가 너희를 위하여

이 일에 나와 아볼로를 들어서 본을 보였으니

이는 너희로 하여금 기록된 말씀 밖으로 넘어가지 말라 한 것을

우리에게서 배워 서로 대적하여 교만한 마음을

가지지 말게 하려 함이라" 고전4:6

바울과 아볼로는 고린도 교회 성도들에게

말씀 밖으로 넘어가지 말라고 했습니다.

말씀 안에 있다는 말은

예수님 안에, 하나님 약속 안에 있다는 뜻입니다.

인간이 에덴동산에서 말씀 밖으로 넘어갔을 때

에덴동산의 풍부함을 누리지 못하고

지배권을 상실하여 환경의 지배를 받았습니다.

✳

말씀 안에서 신앙생활, 가정생활, 사회생활을 하면

하나님의 보호를 받습니다.

바울 사도는 삶으로 본을 보였습니다.

"내가 너희에게 권하노니

너희는 나를 본받는 자가 되라" 고전4:16

"죄인 중에 내가 괴수니라" 딤전1:15b

✳

바울 사도는 자신의 죄성과 부패성을 알았습니다.

그리므로 늘 하나님 앞에 엎드러

죄인임을 고백하며 겸손하게 사역했습니다.

우리도 바울 사도의 겸손함을 본받아

하나님 앞에 기도하고

그 능력을 체험하길 바랍니다.

✻

바울 사도는 억울하게 감옥에 갇혔을 때도

하나님을 전적으로 의지하며 찬송하고 기도했습니다.

그러자 옥터가 움직이고 옥문이 열려

간수에게 복음을 전할 수 있었습니다.

옥터가 교회가 되는 역사가 일어났습니다.

✻

하나님 앞에 강하게 붙들려서 기도할 때

큰 축복의 길이 열리길 축원합니다.

주의 일을 위해 특별히 부름을 받은 사람들은

끝까지 인내하고 견디면 하나님이 이기게 하십니다.

예수님을 생각하고 기뻐하며
천국의 상속자가 됨을 감사합시다.
"자녀이면 또한 상속자 곧 하나님의 상속자요
그리스도와 함께 한 상속자니
우리가 그와 함께 영광을 받기 위하여
고난도 함께 받아야 할 것이니라" 롬8:17

박해와 낮아짐을 극복하면
후에 영광이 임합니다.
"생각하건대 현재의 고난은
장차 우리에게 나타날 영광과
비교할 수 없도다" 롬8:18

✳

복음에는 회복과 능력이 있습니다.

믿음으로 일어나 승리의 노래를 부르길 바랍니다.

대한민국을 위해 기도합시다.

자유와 평화를 지킬 수 있는 나라,

교회가 세속에 흔들리지 않는 나라가 되도록

날마다 깨어 기도합시다.

한국 교회는 고난을 당해도 일어날 수 있습니다.

담력을 가지고 희망을 말하고 승리하길

주님의 이름으로 축원합니다.

스승과 아비의 교훈

Message

06

10 우리는 그리스도 때문에 어리석으나 너희는 그리스도 안에서 지혜롭고 우리는 약하나 너희는 강하고 너희는 존귀하나 우리는 비천하여 11 바로 이 시각까지 우리가 주리고 목마르며 헐벗고 매맞으며 정처가 없고 12 또 수고하여 친히 손으로 일을 하며 모욕을 당한즉 축복하고 박해를 받은즉 참고 13 비방을 받은즉 권면하니 우리가 지금까지 세상의 더러운 것과 만물의 찌꺼기 같이 되었도다 14 내가 너희를 부끄럽게 하려고 이것을 쓰는 것이 아니라 오직 너희를 내 사랑하는 자녀 같이 권하려 하는 것이라 15 그리스도 안에서 일만 스승이 있으되 아버지는 많지 아니하니 그리스도 예수 안에서 내가 복음으로써 너희를 낳았음이라 16 그러므로 내가 너희에게 권하노니 너희는 나를 본받는 자가 되라

✳

바울 사도는 아볼로와 함께
그리스도의 일꾼으로서 본을 보였습니다.
바울 사도는 심는 일과 전도하는 사역을 했고,
아볼로는 물을 주는 일과 양육의 사역을 했습니다.
그는 고린도 교회 성도들이
자신을 본받아 겸손하기를 원했고
말씀 밖으로 넘어가지 말라고 했습니다.
“우리에게서 배워 서로 대적하여
교만한 마음을 가지지 말게 하려 함이라” 고전4:6b

✳

하나님은 고린도 교회를 구별하여
많은 은혜를 주셨습니다.
우리가 누리는 구원, 건강, 부, 평안 등은
자랑의 재료가 아니라 감사의 조건입니다.

※

"너희가 이미 배 부르며 이미 풍성하며

우리 없이도 왕이 되었도다" 고전4:8a

자신의 건강과 풍요를 이용해

인생을 왕처럼 사는 사람이 있습니다.

그러나 말씀을 벗어나 자기 뜻대로 행하는 삶은

오래가지 못합니다.

인생은 풀의 꽃과 같아서

언젠가는 흔들리고 시듭니다.

그러나 하나님의 말씀은 세세토록 영원합니다.

"우리가 너희와 함께 왕 노릇 하기 위하여

참으로 너희가 왕이 되기를 원하노라" 고전4:8b

만왕의 왕 되신 예수님을 믿고

그 안에 속하면 왕권이 회복됩니다.

어떤 환경에도 지배받지 않고

예수님과 함께 어둠의 권세를 이겨

하나님이 주신 다스림의 권세에 참여하길 바랍니다.

바울은 언제나 성도들을 마음에 품었습니다

하나님은 많은 사람을 구원하기 위해

세운 자의 삶을 낮추실 때가 있습니다.

"내가 생각하건대 하나님이 사도인 우리를

죽이기로 작정된 자 같이 끄트머리에 두셨으매

우리는 세계 곧 천사와 사람에게 구경거리가 되었노라" 고전4:9

바울은 하나님의 부름을 받았지만

죽이기로 작정된 자와 같은 대우를 받았습니다.

하나님의 사랑하는 아들인 예수님도

사형 선고를 받고 골고다 언덕에

십자가를 지고 올라갈 때

사람들의 구경거리가 되었습니다.

그러나 하나님은 예수님을 다시 살리시고

보좌의 우편에 앉도록 높이셨습니다.

＊

바울은 하나님의 섭리를 알고

묵묵히 그 사명을 감당했습니다.

"우리는 그리스도 때문에 어리석으나

너희는 그리스도 안에서 지혜롭고

우리는 약하나 너희는 강하고

너희는 존귀하나 우리는 비천하여" 고전4:10

바울은 성도를 지혜롭고 존귀한 길로 인도하려고

비천한 길을 선택했습니다.

그는 편지를 쓰는 순간에도 어려움이 있었습니다.

"바로 이 시각까지 우리가 주리고 목마르며

헐벗고 매맞으며 정처가 없고" 고전4:11

✳

바울은 예수님을 만난 후

거룩한 사역을 함으로

주님과 함께 박해를 받았습니다.

성령은 우리를 좁은 길, 좁은 문으로 인도합니다.

"좁은 문으로 들어가라 멸망으로 인도하는 문은

크고 그 길이 넓어 그리로 들어가는 자가 많고

생명으로 인도하는 문은 좁고 길이 협착하여

찾는 자가 적음이라" 마7:13-14

✳

좁은 길은

하나님 앞에 인정받는 길이며

의의 길, 고난의 길, 생명의 길입니다.

※

“또 수고하여 친히 손으로 일을 하며

모욕을 당한즉 축복하고 박해를 받은즉 참고” 고전4:12

바울은 고린도에서 만난 브리스길라와 아굴라와 함께

장막 짓는 일로 생업을 같이 하며 복음을 전했습니다.

그의 존재는 매우 천한 것처럼 보였습니다.

“비방을 받은즉 권면하니

우리가 지금까지 세상의 더러운 것과

만물의 찌꺼기 같이 되었도다” 고전4:13

※

신앙을 지키며 사는 것이

때로는 어리석어 보일 수 있지만

하나님이 존귀한 자로 높이시기에

감사하고 찬송할 수 있습니다.

✒️ 스승과 같은 사역자가 있습니다

"내가 너희를 부끄럽게 하려고 이것을 쓰는 것이 아니라

오직 너희를 내 사랑하는 자녀 같이 권하려 하는 것이라" 고전4:14

부모가 자녀를 교훈할 때 그 중심에는 사랑이 있습니다.

책망도, 보살핌도 전부 사랑하기 때문입니다.

바울은 성도를 자녀로 생각했습니다.

부모가 자녀를 사랑하는 것은

희생적이고 주관적입니다.

자녀를 보호하기 위해서는

물질, 명예, 심지어 생명까지 아끼지 않습니다.

✳️

한편 복음의 사역에도 스승의 사역자가 있습니다.

"그리스도 안에서 일만 스승이 있으되

아버지는 많지 아니하니 그리스도 예수 안에서

내가 복음으로써 너희를 낳았음이라" 고전4:15

✳

스승은 공부 잘하고 잘 따르는 제자를 마음에 두지만

아비는 말을 듣지 않아도, 약해도

변함없이 자녀를 마음에 둡니다.

스승은 말씀을 가르치는 것을 가장 중요한 사명으로 여깁니다.

스승의 사역을 한 사람은 아볼로였습니다.

아볼로는 말씀을 정확히 의지하며

잘 가르치는 좋은 스승이었습니다.

✳

아비목회는 말씀을 가르치는 것뿐 아니라

나아가 성도를 자녀처럼 여깁니다.

바울이 처음으로 복음을 심은 고린도는

바울에게 의미있는 곳이었습니다.

바울은 고린도 교회 성도들을

영적인 자녀라고 표현했습니다.

그는 육신의 부모가 자녀를 사랑하듯

성도를 사랑으로 품으며 사역했습니다.

✒ 아비의 역할을 하는 사역자가 있습니다

아비가 자녀를 사랑하는 것은
신분적 사랑이며 지극히 주관적입니다.
자녀가 약할수록 더 관심을 가지고 돌봅니다.
다윗의 아들 압살롬은 아버지의 근심거리였지만
다윗은 그를 사랑했습니다.
그가 반역을 일으키다 죽었을 때도
다윗은 부성애를 보였습니다.

"왕의 마음이 심히 아파
문 위층으로 올라가서 우니라
그가 올라갈 때에 말하기를
내 아들 압살롬아 내 아들 내 아들 압살롬아
차라리 내가 너를 대신하여 죽었더면,
압살롬 내 아들아 내 아들아 하였더라" 삼하18:33

✳

아비는 자녀를 얻을 때
해산의 고통을 경험합니다.
"나의 자녀들아 너희 속에
그리스도의 형상을 이루기까지
다시 너희를 위하여 해산하는 수고를 하노니" 갈4:19
목회자는 성도들의 신앙 성장을 위해
해산의 고통을 겪습니다.

"내가 진실로 진실로 너희에게 이르노니
내 말을 듣고 또 나 보내신 이를 믿는 자는
영생을 얻었고 심판에 이르지 아니하나니
사망에서 생명으로 옮겼느니라" 요5:24

＊

예수님을 믿으면

사망에서 벗어나

생명력을 가질 수 있습니다.

복음을 전할 때

하나님의 사랑과 성령으로 인하여

생명이 살아납니다.

✳

한 사람의 영혼을 구하려면

복음을 전하는 수고와 기도가 있어야 합니다.

구원 사역에는 어둠에 속한 자들의 박해가 따르지만

끝까지 견디어 복음을 전하면

복음을 듣는 자가 일어납니다.

✳

신령한 가족 여러분!

한 교회 안에서 가족처럼 서로를 사랑합시다.

감사하는 마음은

행복을 만드는 능력이며

삶의 질을 높여줍니다.

하나님을 바라보면서

희망을 갖고 감사하며 승리하기를

주님의 이름으로 축원합니다.

능력이 있는 나라

14 내가 너희를 부끄럽게 하려고 이것을 쓰는 것이 아니라 오직 너희를 내 사랑하는 자녀 같이 권하려 하는 것이라 15 그리스도 안에서 일만 스승이 있으되 아버지는 많지 아니하니 그리스도 예수 안에서 내가 복음으로써 너희를 낳았음이라 16 그러므로 내가 너희에게 권하노니 너희는 나를 본받는 자가 되라 17 이로 말미암아 내가 주 안에서 내 사랑하고 신실한 아들 디모데를 너희에게 보내었으니 그가 너희로 하여금 그리스도 예수 안에서 나의 행사 곧 내가 각처 각 교회에서 가르치는 것을 생각나게 하리라 18 어떤 이들은 내가 너희에게 나아가지 아니할 것 같이 스스로 교만하여졌으나 19 주께서 허락하시면 내가 너희에게 속히 나아가서 교만한 자들의 말이 아니라 오직 그 능력을 알아보겠으니 20 하나님의 나라는 말에 있지 아니하고 오직 능력에 있음이라 21 너희가 무엇을 원하느냐 내가 매를 가지고 너희에게 나아가랴 사랑과 온유한 마음으로 나아가랴

✳

바울 사도는 늘 감사하고
기뻐하는 삶을 살았습니다.
그는 악한 지식에 붙잡힌 삶을 살다가
하나님이 만나 주심으로
선악을 분별하고 변화되었습니다.

하나님은 그에게 과거의 잘못, 현재의 보람,
미래의 누림에 대해 깨닫게 해주셨습니다.
바울은 받은 신령한 은혜를 가지고
복음을 전했습니다.
바울이 사명을 감당하는 과정에는
많은 어려움이 있었습니다.
"또 수고하여 친히 손으로 일을 하며
모욕을 당한즉 축복하고 박해를 받은즉 참고
비방을 받은즉 권면하니
우리가 지금까지 세상의 더러운 것과
만물의 찌꺼기 같이 되었도다" 고전4:12-13

✳

의를 행할 때 늘 박해와 비방이 따라옵니다.

그러나 바울은 성도들을 자녀같이 사랑했습니다.

부모가 조건없이 자녀를 사랑하듯

믿어주고 도와주었습니다.

"내 아들아 주의 징계하심을 경히 여기지 말며

그에게 꾸지람을 받을 때에 낙심하지 말라

주께서 그 사랑하시는 자를 징계하시고

그가 받아들이시는 아들마다 채찍질하심이라" 히12:5b-6

하나님은 이스라엘을 사랑으로 징계하여

거룩하게 인도했습니다.

부모의 교훈의 중심에는 사랑이 있습니다.

바울은 부모의 마음으로

고린도 교회에 편지를 보냈습니다.

✒️ 좋은 아비는 본을 보입니다

"내가 너희를 부끄럽게 하려고 이것을 쓰는 것이 아니라

오직 너희를 내 사랑하는 자녀 같이 권하려 하는 것이라" 고전4:14

아버지는 앞서 걸으며 돌다리도 먼저 점검합니다.

아버지는 자녀를 희생시키거나 시험의 도구로 삼지 않습니다.

"그리스도 안에서 일만 스승이 있으되

아버지는 많지 아니하니

그리스도 예수 안에서 내가 복음으로써

너희를 낳았음이라" 고전4:15

말씀이 전파되면 성령이 임재하여

생명을 살려내고 태어나게 합니다.

✳️

"그러므로 내가 너희에게 권하노니

너희는 나를 본받는 자가 되라" 고전4:16

바울 사도는 성도들이 인내하며

환경을 이기고 성실함, 사랑, 나눔을 실천하며

자신을 본받기를 바랐습니다.

✳

"항상 기뻐하라 쉬지 말고 기도하라 범사에 감사하라

이것이 그리스도 예수 안에서

너희를 향하신 하나님의 뜻이니라" 살전5:16-18

가정이 행복하고, 부부가 화목하며

기뻐하고 감사하는 것은 하나님의 뜻입니다.

✳

좋은 일이 있을 때는 누구나 기뻐할 수 있습니다.

그러나 하박국 선지자는 받은 복이 없어도,

환난을 기다리는 중에도

여호와를 생각하며 감사했습니다.

"비록 무화과나무가 무성하지 못하며 포도나무에 열매가 없으며

감람나무에 소출이 없으며 밭에 먹을 것이 없으며

우리에 양이 없으며 외양간에 소가 없을지라도

나는 여호와로 말미암아 즐거워하며

나의 구원의 하나님으로 말미암아 기뻐하리로다" 합3:17-18

여호와를 힘으로 삼으면 환경을 이깁니다

하박국 선지자는 경제적으로도 복을 받지 못했지만

원망하거나 낙심하지 않고 여호와로 인해 즐거워했습니다.

세상에서 풍족하지 못해도

구원받은 것만으로도 하박국처럼, 바울처럼 감사하고

자족하며 즐거워하길 소원합니다.

"주 여호와는 나의 힘이시라

나의 발을 사슴과 같게 하사

나를 나의 높은 곳으로 다니게 하시리로다

이 노래는 지휘하는 사람을 위하여

내 수금에 맞춘 것이니라" 합3:19

여호와를 힘과 능력으로 삼는 사람은
어떤 환경 속에도 무너지지 않습니다.

＊

감사를 떠올리면 생각나는 이야기가 있습니다.

어느 날 한 청년이 물에 빠진 부자를 구해줬습니다.

그런데 목숨을 건진 부자는

고맙다는 말 대신 동전 한 닢을

던져주었습니다.

청년은 몹시 화가 났지만

결국 그의 목숨값이 동전 한 닢밖에

안되는 것임을 깨달았습니다.

물질은 때론 믿음과 마음의 분량을

표현하는 수난입니다.

감사하지 않는 태도에 낙심할 것 없이

그 내면을 이해하며 위로받고

환경에서 승리하길 바랍니다.

※

바울 사도는 믿음의 아들 디모데를

고린도 교회에 보냈습니다.

"이로 말미암아 내가 주 안에서

내 사랑하고 신실한 아들 디모데를 너희에게 보내었으니

그가 너희로 하여금 그리스도 예수 안에서

나의 행사 곧 내가 각처 각 교회에서 가르치는 것을

생각나게 하리라" 고전4:17

신실한 아들, 신실한 부교역자, 신실한 성도는

복음의 동질이 있습니다.

아들을 보면 아버지가 생각나야 합니다.

또 성도들의 말을 들으면 목사의 설교가 생각나야 합니다.

※

좋은 설교는 예수님을 믿게 하고

생각나게 하고 바라보게 합니다.

설교를 들을 때마다 여호와를 생각하며

모든 환경을 이기기를 바랍니다.

말 많은 사람은 책망받습니다

아버지는 아들을 사랑하기 때문에 책망합니다.

"어떤 이들은 내가 너희에게 나아가지 아니할 것 같이

스스로 교만하여졌으나" 고전4:18

바울은 천막을 짓는 것을

업으로 삼아 생계를 유지했습니다.

그럼에도 경제적인 것 때문에 전도한다고

험담하는 이들에게 정확히 전했습니다.

"성전의 일을 하는 이들은

성전에서 니는 깃을 먹으며

제단에서 섬기는 이들은

제단과 함께 나누는 것을 너희가 알지 못하느냐

이와 같이 주께서도 복음 전하는 자들이

복음으로 말미암아 살리라 명하셨느니라" 고전9:13-14

※

자신도 알지 못하는 것을 정죄하고 비판하면

교만하여 사망의 길로 갑니다.

"주께서 허락하시면 내가 너희에게 속히 나아가서

교만한 자들의 말이 아니라 오직 그 능력을 알아보겠으니" 고전4:19

바울은 가고 오는 것도

하나님의 허락 하에 있다고 말했습니다.

교만한 자에게는 열매가 없습니다.

"하나님의 나라는 말에 있지 아니하고

오직 능력에 있음이라" 고전4:20

하나님의 나라에는
행복과 사랑, 회복의 능력이 있습니다.
하나님께 소속된 사람은
믿음으로 승리합니다.

사람이 제일 행복한 장소는 에덴동산입니다.
그곳에서 부부는 존중하고 사랑했습니다.
"아담이 이르되 이는 내 뼈 중의 뼈요
살 중의 살이라" 창2:23a

에덴동산에서는 인간에게
모든 것을 다스리고 지배하는 권세가 있었으나
인간이 타락하여 그 권세를 잃어버렸습니다.

✳

우리는 예수님을 통해 회복할 수 있습니다.

자신의 은사를 알고 주의 일에 힘써서

하나님의 큰 복을 받길 바랍니다.

✳

먼저 하나님께 감사하고

서로에게 감사하여

행복한 나라와 교회가 되길

주님의 이름으로 축원합니다.

순전한
복음

Message

08

1 너희 중에 심지어 음행이 있다 함을 들으니 그런 음행은 이방인 중에서도 없는 것이라 누가 그 아버지의 아내를 취하였다 하는도다 2 그리하고도 너희가 오히려 교만하여져서 어찌하여 통한히 여기지 아니하고 그 일 행한 자를 너희 중에서 쫓아내지 아니하였느냐 3 내가 실로 몸으로는 떠나 있으나 영으로는 함께 있어서 거기 있는 것 같이 이런 일 행한 자를 이미 판단하였노라 4 주 예수의 이름으로 너희가 내 영과 함께 모여서 우리 주 예수의 능력으로 5 이런 자를 사탄에게 내주었으니 이는 육신은 멸하고 영은 주 예수의 날에 구원을 받게 하려 함이라 6 너희가 자랑하는 것이 옳지 아니하도다 적은 누룩이 온 덩어리에 퍼지는 것을 알지 못하느냐 7 너희는 누룩 없는 자인데 새 덩어리가 되기 위하여 묵은 누룩을 내버리라 우리의 유월절 양 곧 그리스도께서 희생되셨느니라 8 이러므로 우리가 명절을 지키되 묵은 누룩으로도 말고 악하고 악의에 찬 누룩으로도 말고 누룩이 없이 오직 순전함과 진실함의 떡으로 하자

＊

하나님은 나를 나보다 더 잘 아시고,

갈 길을 인도해 주시는 분이십니다.

교회를 모르는 사람들은

교회는 거룩한 사람들만 모이는 곳이라고 생각합니다.

그리스도인은 진실하고 정직하며

예수님처럼 희생해야 하고

오른뺨을 치면 왼뺨도 내밀어야 한다고 알고 있습니다.

＊

지상의 교회는 언제나 문제가 있을 수 있습니다.

성도들 중에도 육에 속한 사람은

믿지 않는 사람과 같은 문제를 지니고 있습니다.

더 비윤리적일 수도 있습니다.

❋

에덴동산에서는 뱀의 간교로 인해

아담과 하와가 아름답고 행복한 환경을 잃어버렸습니다.

오늘날 예수 그리스도의 피로 세운 교회에도

사탄의 지식이 들어와서 당을 짓고

원망과 불평을 하게 해서

성도가 누리는 행복을 빼앗아 갈 때가 있습니다.

그러나 교회는 하나님의 통치와 보호가 있으므로

정화되어 거룩해질 수 있습니다.

지상의 교회는 문제가 있을 수 있습니다

"너희 중에 심지어 음행이 있다 함을 들으니

그런 음행은 이방인 중에서도 없는 것이라

누가 그 아버지의 아내를 취하였다 하는도다" 고전5:1

바울은 고린도 교회 안에

이방인보다 더한 음행을 저지른 사람이

있다는 소식을 들었습니다.

"너는 네 아버지의 아내의 하체를 범하지 말라

이는 네 아버지의 하체니라" 레18:8

바울은 교회에서 음행한 사람을 용납하고

쫓아내지 않은 것을 책망했습니다.

"그리하고도 너희가 오히려 교만하여져서

어찌하여 통한히 여기지 아니하고

그 일 행한 자를 너희 중에서

쫓아내지 아니하였느냐" 고전5:2

※

음행은 몸 안에 있는 죄입니다.

음행이 있는 곳에는 살인이 따르고,

가정이 해체되며 불행해집니다.

엘리 제사장의 아들들은

성전에서 수종을 드는 여인들과 음행함으로

죽임을 당했습니다.

"사람이 사람에게 범죄하면

하나님이 심판하시려니와

만일 사람이 여호와께 범죄하면

누가 그를 위하여 간구하겠느냐 하되

그들이 자기 아버지의 말을 듣지 아니하였으니

이는 여호와께서 그들을

죽이기로 뜻하셨음이더라" 삼상2:25

교회에는 세상의 요소와 음행이

배어들지 못하게 해야 합니다.

동성애, 무분별한 이성교제 등은

믿음을 파괴하고, 동물적 본능대로 살게 합니다.

그곳에는 성령이 역사하지 않습니다.

교회와 나라는 하나님의 뜻대로 거룩하게 살아서

복을 받도록 기도해야 합니다.

하나님께는 징화시키는 능력이 있습니다.

하나님은 에덴동산을 더럽히지 않으시려고

죄를 범한 아담과 하와를 추방했습니다.

✳

바울도 고린도 교회에서 음행한 사람을

용납하지 않고 내쫓으라고 했습니다.

죄는 누룩과 같이 점점 커집니다.

그러므로 하나님은 거룩을 지키기 위해,

사랑의 동기에서 음행한 자를 쫓아내십니다.

교회에서 책망하고 쫓아내는 것도 사랑하기 때문입니다.

모든 것은 하나님의 사랑임을 기억하길 바랍니다.

✒ 악인은 의인의 모임에 들지 못합니다

"내가 실로 몸으로는 떠나 있으나

영으로는 함께 있어서 거기 있는 것 같이

이런 일 행한 자를 이미 판단하였노라" 고전5:3

하나님은 죄인을 정확히 판단하십니다.

"주 예수의 이름으로 너희가 내 영과 함께 모여서

우리 주 예수의 능력으로 이런 자를 사탄에게 내주었으니

이는 육신은 멸하고 영은 주 예수의 날에

구원을 받게 하려 함이라" 고전5:4-5

✳

초대교회는 많은 무리가 한 마음이 되어

물건과 재산을 서로 통용하고 사도들 앞에 드리고

필요에 따라 서로 나누며 모두가 행복했습니다.

그때 아나니아와 삽비라 부부는

땅을 팔고 난 후 땅값의 얼마를 감추고

베드로 앞에서 전부라고 속였습니다.

베드로는 거짓말임을 알고 책망했습니다.

그러자 그들의 혼이 떠나서 죽었습니다.

✳

하나님은 초대교회의 거룩함을 유지하기 위해

악인을 단명하게 했습니다.

악인은 의인의 모임에 들지 못합니다.

⁂

교회는

하나님이 간섭하시므로

죄인이 징계받고

의인은 일어나는 역사가 있습니다.

의인은 환난 중에도 승리합니다.

하나님은 그때나 지금이나

교회를 보호하십니다.

⁂

음행의 죄가 자신과 가정,

그리고 교회에 들어오지 않게 하려면

분별력이 있어야 합니다.

말씀을 들을 때 과거의 잘못이 떠오른다면

오늘 회개하고 새롭게 됩시다.

한번 구원받은 성도는

육신이 약하여 죄를 지어도 회개하고 돌이키면

하나님은 은혜로 준 구원을 유지시켜 주십니다.

믿는 사람이 믿음을 지키고

순종하고 거룩하게 살면 장수합니다.

하나님을 바라보며 나눔의 기쁨을 누리고

장수하길 소망합니다.

누룩을 모두 쫓아내야 합니다

"너희가 자랑하는 것이 옳지 아니하도다

적은 누룩이 온 덩어리에 퍼지는 것을 알지 못하느냐" 고전5:6

누룩은 그릇된 사상입니다.

잘못된 사람의 사상은 금방 퍼집니다.

작은 죄가 들어오면 그로 인하여

전체가 피해를 입습니다.

하나님은 사람을 사랑하지만

말씀을 벗어났을 때는 쫓아냅니다.

누룩을 모두 쫓아내고

중생한 사람으로, 어린 양의 순수함으로

예수 그리스도를 통하여 항상 승리합시다.

"예수께서 이르시되 삼가 바리새인과 사두개인들의

누룩을 주의하라 하시니" 마16:6

순전하지 못한 지식, 가치관,

예수님을 구주로 믿지 않는 악한 지식은

교회 안에서 누룩입니다.

✳

이 땅에는 악한 누룩이 있습니다.
"이러므로 우리가 명절을 지키되
묵은 누룩으로도 말고 악하고 악의에 찬 누룩으로도 말고
누룩이 없이 오직 순전함과 진실함의 떡으로 하자" 고전5:8

✳

이성주의, 물질주의, 현실주의, 불신앙을 버리고
가족을 사랑합시다.
순종함으로 거룩해지길 바랍니다.
부부가 서로 기도하며
자녀에게는 삶과 행복으로 신앙을 물려주어
장수하며 행복하길 소원합니다.

✳

사람의 생명을 천하보다 귀하게 여기는 마음으로

세상을 바라보기를 바랍니다.

"너희는 이 세대를 본받지 말고

오직 마음을 새롭게 함으로 변화를 받아

하나님의 선하시고 기뻐하시고 온전하신 뜻이

무엇인지 분별하도록 하라" 롬12:2

✳

복음을 온전히 믿으면

교회 안에서 어떤 문제가 있어도 시험에 들지 않습니다.

교회는 하나님이 간섭하심으로 거룩하고 영원합니다.

하나님은 한국 교회를 버려두지 않고

다시 부흥의 불길을 붙여주실 것입니다.

한국 교회는 이 시대의 빛과 소금의 역할을 다하며

야성을 키울 것입니다.

예수님이 있기에 우리는 희망이 있고 승리할 수 있습니다.

다시 일어날 수 있습니다.

너희 몸으로 하나님께 영광을 돌리라

12 모든 것이 내게 가하나 다 유익한 것이 아니요 모든 것이 내게 가하나 내가 무엇에든지 얽매이지 아니하리라 13 음식은 배를 위하여 있고 배는 음식을 위하여 있으나 하나님은 이것 저것을 다 폐하시리라 몸은 음란을 위하여 있지 않고 오직 주를 위하여 있으며 주는 몸을 위하여 계시느니라 14 하나님이 주를 다시 살리셨고 또한 그의 권능으로 우리를 다시 살리시리라 15 너희 몸이 그리스도의 지체인 줄을 알지 못하느냐 내가 그리스도의 지체를 가지고 창녀의 지체를 만들겠느냐 결코 그럴 수 없느니라 16 창녀와 합하는 자는 그와 한 몸인 줄을 알지 못하느냐 일렀으되 둘이 한 육체가 된다 하셨나니 17 주와 합하는 자는 한 영이니라 18 음행을 피하라 사람이 범하는 죄마다 몸 밖에 있거니와 음행하는 자는 자기 몸에 죄를 범하느니라 19 너희 몸은 너희가 하나님께로부터 받은 바 너희 가운데 계신 성령의 전인 줄을 알지 못하느냐 너희는 너희 자신의 것이 아니라 20 값으로 산 것이 되었으니 그런즉 너희 몸으로 하나님께 영광을 돌리라

✳

이 땅에 영원하거나 완전한 것은 없습니다.

세월이 지나면 모든 것이 변합니다.

계속 발전하고 개혁하지 않으면

가치가 변하고 매력이 없어지며, 속화됩니다.

잘 건축된 건물도 시간이 지나면 허름해지고

아름다운 꽃밭도 계속 가꾸지 않으면

잡초 밭으로 변합니다.

하나님의 말씀 위에 세워진 교회도

말씀으로 무장하지 않으면

예수님 없이 건물만 남아

거룩성을 상실한 공간이 될 수 있습니다.

※

바다에 풍랑이 일면

위에 떠 있는 배가 흔들거리듯이

사회가 혼란하면 그 속에 있는 교회도 영향을 받습니다.

갈릴리 호수에서 예수님과 제자들이 승선한 배도

풍랑을 만나 흔들렸습니다.

그때 제자들은 자신들의 방법으로는

풍랑을 극복할 수 없기에 주무시던 예수님을 깨웠습니다.

"그 제자들이 나아와 깨우며 이르되

주여 구원하소서 우리가 죽겠나이다" 마8:25

예수님은 전능자의 능력으로 바람과 바다를 꾸짖어

풍랑을 잠잠하게 했습니다.

✳

오늘날의 그리스도인과 교회에 일어나는
여러 가지 문제를 해결하는 방법은
예수님을 깨워서
바람과 바다를 꾸짖게 하는 것입니다.

✳

오직 전능하신 하나님의 말씀 안에서
문제가 해결됩니다.
하나님이 이 땅을 창조하실 때
땅이 혼돈하고 공허했지만
여호와의 영이 운행하심으로 질서를 잡았습니다.
"땅이 혼돈하고 공허하며 흑암이 깊음 위에 있고
하나님의 영은 수면 위에 운행하시니라" 창1:2

예수님이 승선한 배와
에덴동산까지도 흔들어 놓는 사탄은
우리의 삶에도 계속 찾아옵니다.

✳

하나님은 하나님이 통치하시는 거룩한 곳은

불의를 용납하지 않습니다.

그러므로 날마다

시험에 들지 않도록 기도해야 합니다.

밤잠을 이루지 못하고,

모든 것이 부정적으로 느껴질 때

회개하고 성령을 받으면

마음 속에 기쁨과 행복이 찾아옵니다.

하나님은 하나님이 통치하시는 거룩한 곳은

바울 사도는 고린도 교회의 문제를 지적했습니다

고린도는 향락적 성문화가 발달한 도시였습니다.

바울 사도는 그곳에서 1년 6개월 동안

고린도 사람들을 만나 전도했고 교회가 세워졌습니다.

하지만 바울 사도가 떠난 후

고린도 교회에 크고 작은 문제가 생겼습니다.

고린도 교회는 말씀대로 하지 않고

세상의 것을 용납했습니다.

바울은 음행한 사람을 교회에서 내쫓으라고 말했습니다.

"이런 자를 사탄에게 내주었으니 이는 육신은 멸하고

영은 주 예수의 날에 구원을 받게 하려 함이라" 고전5:5

은혜로 얻은 구원은 소멸되지 않습니다.

"내가 확신하노니 사망이나 생명이나

천사들이나 권세자들이나 현재 일이나 장래 일이나

능력이나 높음이나 깊음이나 다른 어떤 피조물이라도

우리를 우리 주 그리스도 예수 안에 있는

하나님의 사랑에서 끊을 수 없으리라" 롬8:38-39

✻

육체는 죄로 인해 죽고 멸망하지만

구원받은 영은 하나님의 은혜와 사랑으로 보호받습니다.

그러므로 말씀 안에 세속의 사상이 들어오는 것을

막고 쫓아내야 합니다.

세속의 사상은 누룩과 같아서

조금만 용납해도 크게 퍼집니다.

✻

바울은 고린도 성도들끼리 의견 대립이 있을 때

세상 법정으로 가서 해결하려는 것도 지적했습니다.

"너희 중에 누가 다른 이와 더불어 다툼이 있는데

구태여 불의한 자들 앞에서 고발하고

성도 앞에서 하지 아니하느냐" 고전6:1

✳

교회 안에서 다툼이 있을 수 있습니다.

이때 바울은 세상 법정보다

더 고상한 하나님의 말씀을 의지하여

성령 안에서 해결하라고 했습니다.

"형제가 형제와 더불어 고발할 뿐더러

믿지 아니하는 자들 앞에서 하느냐" 고전6:6

믿는 사람들은 말씀과 양심으로

그 문제를 해결할 수 있어야 합니다.

음란죄를 피하고 송사 문제는

서로 양보함으로 해결하는 것이

말씀대로 사는 지혜입니다.

✒️ ___ 우리의 몸은 그리스도의 지체입니다

"너희 몸이 그리스도의 지체인 줄을 알지 못하느냐

내가 그리스도의 지체를 가지고 창녀의 지체를 만들겠느냐

결코 그럴 수 없느니라" 고전6:15

성도는 예수님이 피로 값 주고 사신 그리스도의 지체입니다.

그리스도의 지체는 예수님의 거룩함과 삶을 닮고,

예수님이 가신 길을 가야 합니다.

※

그리스도의 길은

낮아짐과 사랑의 삶입니다.

또 하나님의 말씀에 순종하기 위해

감람산에서 기도하고

천국의 복음을 전파하는 삶입니다.

✳

그리스도의 지체된 성도들은

구별된 삶을 살고 음행을 피해야 합니다.

"음행을 피하라 사람이 범하는 죄마다 몸 밖에 있거니와

음행하는 자는 자기 몸에 죄를 범하느니라" 고전6:18

✳

부부가 사랑 안에서 하나 되고

신앙의 동질을 유지할 때

자녀도 기룩해질 수 있습니다.

우리의 몸은 아주 소중합니다.

하나님이 예수님의 피 값으로 산 것입니다.

육을 중심으로 살면 동물적 본능에 충실해

인간의 존엄성을 잃고,

이성을 중심으로 살면 영원한 세계를 볼 수 없습니다.

그러나 하나님 중심으로 살면

미래에 큰 누림과 영광이 있습니다.

"값으로 산 것이 되었으니 그런즉 너희 몸으로

하나님께 영광을 돌리라" 고전6:20

제자들이 풍랑을 만났을 때,

베드로가 물 위를 건너다가 빠졌을 때,

바울이 감옥에 갔을 때도

하나님께 기도하여 은혜를 입었습니다.

힘들고 어려울 때 기도하는 것이 열쇠입니다.

✳

세상에 파도가 치고 풍랑이 일어도

예수님이 있는 곳은 회복이 있습니다.

믿음의 성도는 풍랑에 넘어지지 않고

광야에서도 오병이어의 역사를 체험하며

풀무불에서도 살아나오는 기적을 체험합니다.

✸

기도로 일어서야 합니다.

죄를 회개하고

예수 그리스도 안에서 승리하여

영육이 잘되는

복을 받길 소원합니다.

THE FIRST

2부 진리와 함께 기뻐하라

고린도전서 7~12장

아름다운 가정을 가꾸라

Message

10

1 너희가 쓴 문제에 대하여 말하면 남자가 여자를 가까이 아니함이 좋으나 2 음행을 피하기 위하여 남자마다 자기 아내를 두고 여자마다 자기 남편을 두라 3 남편은 그 아내에 대한 의무를 다하고 아내도 그 남편에게 그렇게 할지라 4 아내는 자기 몸을 주장하지 못하고 오직 그 남편이 하며 남편도 그와 같이 자기 몸을 주장하지 못하고 오직 그 아내가 하나니 5 서로 분방하지 말라 다만 기도할 틈을 얻기 위하여 합의상 얼마 동안은 하되 다시 합하라 이는 너희가 절제 못함으로 말미암아 사탄이 너희를 시험하지 못하게 하려 함이라 6 그러나 내가 이 말을 함은 허락이요 명령은 아니니라 7 나는 모든 사람이 나와 같기를 원하노라 그러나 각각 하나님께 받은 자기의 은사가 있으니 이 사람은 이러하고 저 사람은 저러하니라 8 내가 결혼하지 아니한 자들과 과부들에게 이르노니 나와 같이 그냥 지내는 것이 좋으니라 9 만일 절제할 수 없거든 결혼하라 정욕이 불 같이 타는 것보다 결혼하는 것이 나으니라 10 결혼한 자들에게 내가 명하노니 (명하는 자는 내가 아니요 주시라) 여자는 남편에게서 갈라서지 말고 11 (만일 갈라섰으면 그대로 지내든지 다시 그 남편과 화합하든지 하라) 남편도 아내를 버리지 말라 12 그 나머지 사람들에게 내가 말하노니 (이는 주의 명령이 아니라) 만일 어떤 형제에게 믿지 아니하는 아내가 있어 남편과 함께 살기를 좋아하거든 그를 버리지 말며 13 어떤 여자에게 믿지 아니하는 남편이 있어 아내와 함께 살기를 좋아하거든 그 남편을 버리지 말라 14 믿지 아니하는 남편이 아내로 말미암아 거룩하게 되고 믿지 아니하는 아내가 남편으로 말미암아 거룩하게 되나니 그렇지 아니하면 너희 자녀도 깨끗하지 못하니라 그러나 이제 거룩하니라 15 혹 믿지 아니하는 자가 갈리거든 갈리게 하라 형제나 자매나 이런 일에 구애될 것이 없느니라 그러나 하나님은 화평 중에서 너희를 부르셨느니라 16 아내 된 자여 네가 남편을 구원할는지 어찌 알 수 있으며 남편 된 자여 네가 네 아내를 구원할는지 어찌 알 수 있으리요 17 오직 주께서 각 사람에게 나눠 주신 대로 하나님이 각 사람을 부르신 그대로 행하라 내가 모든 교회에서 이와 같이 명하노라

※

바울 사도는 고린도 교회를 많이 사랑했습니다.

그러나 그가 떠난 후 고린도 교회 성도들은

세속의 영향을 받아 무분별하고 문란해졌습니다.

죄를 짓고도 회개하지 않고,

음란한 가치관이 지배했습니다.

진리를 사랑하는 교회임에도

세상과 다를 바가 없었습니다.

※

바울은 고린도 교회를 보고 탄식했습니다.

그는 그른 자와는 사귀지도 말고

교회에서 쫓아내라고 했습니다.

하나님의 말씀에 지배받지 않고

세상의 기준으로 인간관계를 삼는 것은 부끄러운 일입니다.

하나님과 멀어지고 점점 세속화되는 길입니다.

※

성령의 역사가 없으면 음란과 쾌락이 지배하고
육체가 원하는 대로 살 수밖에 없습니다.
"내가 이르노니 너희는 성령을 따라 행하라
그리하면 육체의 욕심을 이루지 아니하리라
육체의 소욕은 성령을 거스르고
성령은 육체를 거스르나니 이 둘이 서로 대적함으로
너희가 원하는 것을 하지 못하게 하려 함이니라" 갈5:16-17

※

육체의 욕심을 따르면 인간의 존엄성을 잊고
가정의 해체가 시작됩니다.
결혼을 기피하고 출산을 짐스럽게 여기는 것은
큰 슬픔입니다.
하나님이 창조하신 사람의 몸은 거룩해야 합니다.
거룩한 사람은 맛을 내는 소금과 같고
불 켜진 등불과 같습니다.

✳

바울 사도는 구원 받은 자의 육체의 존귀함을 알고
그 가치를 나타내기를 바랐습니다.
"너희 몸은 너희가 하나님께로부터 받은 바
너희 가운데 계신 성령의 전인 줄을 알지 못하느냐
너희는 너희 자신의 것이 아니라 값으로 산 것이 되었으니
그런즉 너희 몸으로 하나님께 영광을 돌리라" 고전6:19-20

✳

성령의 전은
하나님이 보호하십니다.
사탄이 우는 사자처럼 대적해도
하나님이 지켜주시면
승리할 수 있습니다.

가정이 탄생할 때의 기쁨을 기억합시다

하나님이 천지를 창조하신 후

가장 좋은 환경에 남자인 아담을 창조하셨습니다.

"여호와 하나님이 이르시되

사람이 혼자 사는 것이 좋지 아니하니

내가 그를 위하여 돕는 배필을 지으리라 하시니라" 창2:18

하나님은 아담을 잠들게 한 후

갈비뼈를 취하여 여자를 만들었습니다.

✳

하나님이 하와를 아담에게 이끌어왔을 때

아담은 매우 기뻐하며 사랑했습니다.

"아담이 이르되 이는 내 뼈 중의 뼈요 살 중의 살이라

이것을 남자에게서 취하였은즉 여자라 부르리라 하니라" 창2:23

하나님이 만드신 환경은 신령하고 생기가 넘쳤습니다.

"이러므로 남자가 부모를 떠나

그의 아내와 합하여 둘이 한 몸을 이룰지로다" 창2:24

※

부부는 한 사상과 한 소망을 가져야 합니다.

부모님을 한 자식처럼 섬겨야 합니다.

그리고 서로 비밀이 없어야 합니다.

"아담과 그의 아내 두 사람이 벌거벗었으나

부끄러워하지 아니하니라" 창2:25

비밀이 없는 것이 이상적인 부부 관계입니다.

비밀은 불행의 씨앗이 될 수 있습니다.

※

창조된 직후 인간의 수명은 매우 길었습니다.

노아의 아버지 라멕은 182세에 아들을 낳았고

노아를 낳은 후 777세 까지 살았습니다.

그러나 장수의 복이 가져온 것은

인간의 무한한 타락이었습니다.

"하나님이 지으신 그 모든 것을 보시니

보시기에 심히 좋았더라" 창1:31a

하나님은 창조하신 모든 것을 보시고 기뻐했습니다.

그러나 아담과 하와가 타락한 후,

그 후손들까지 대대로

죄를 범하는 것을 보시고는 심히 괴로워했습니다.

✳️

아담의 가정이 불순종할 때 낙원을 잃었고,

그의 자녀는 신앙적 갈등으로 형제를 죽였습니다.

그의 후손들은 번성하였지만

하나님 앞에 구별된 삶을 살지 못했습니다.

"하나님의 아들들이 사람의 딸들의 아름다움을 보고

자기들이 좋아하는 모든 여자를 아내로 삼는지라" 창6:2

※

하나님의 아들들이

신앙보다 육신의 소욕과 외모 중심으로 살자

하나님의 영이 그들을 떠났습니다.

성령의 전이 타락의 장소가 되었습니다.

"이르시되 내가 창조한 사람을

내가 지면에서 쓸어버리되

사람으로부터 가축과 기는 것과

공중의 새까지 그리하리니

이는 내가 그것들을 지었음을 한탄함이니라" 창6:7

※

하나님은 자신의 형상으로 창조한 인간이

에덴동산에서 모든 것을 누리며 살기를 원했습니다.

그러나 타락한 인간을 보시고

그들을 지은 것을 한탄하시며 홍수 심판을 내렸습니다.

※

"그러나 노아는 여호와께 은혜를 입었더라" 창6:8

하나님은 의인에게

심판을 피할 길을 알려주시고 보호하십니다.

하나님은 신령한 가정과 세속적인 가정을

보호와 심판으로 구분했습니다.

사람의 심령을 보시는 하나님은

진실이 숨어 있어도 드러내시며

불의한 자가 숨어 있어도 찾아내어 심판하십니다.

"이는 우리가 다 반드시

그리스도의 심판대 앞에 나타나게 되어

각각 선악간에 그 몸으로 행한 것을 따라 받으려 함이라" 고후5:10

복 받을 사람을 찾으십니다

하나님은 택한 가정을 회복시키려

고린도 교회에 교훈했습니다.

"음행을 피하기 위하여

남자마다 자기 아내를 두고

여자마다 자기 남편을 두라

남편은 그 아내에 대한 의무를 다하고

아내도 그 남편에게 그렇게 할지라" 고전7:2-3

남편과 아내는 서로 그 의무를 다하라고 했습니다.

부부는 사랑의 의무, 경제적 의무,

출산의 의무, 정조의 의무 등

남이 대신할 수 없는 의무를 다해야 합니다.

※

하나님은 생육하고 번성하여

화목한 가정을 이루기 위해

서로 사랑으로 매이라고 했습니다.

※

그러나 때로는 하나님이

독신의 은사를 준 사람도 있으며

결혼했지만 과부가 된 안나 선지자도 있습니다.

"과부가 되고 팔십사 세가 되었더라

이 사람이 성전을 떠나지 아니하고

주야로 금식하며 기도함으로 섬기더니" 눅2:37

안나는 평생동안 하나님을 섬기며

행복하게 살았습니다.

우리의 삶은 예수님만 있으면 행복합니다.

예수님을 만나면 범사에 감사하고 천국을 바라봅니다.

✳

"너희도 각각 자기의 아내 사랑하기를 자신 같이 하고

아내도 자기 남편을 존경하라" 엡5:33

부부 중에 한 사람이라도

신앙이 바로 서 있으면,

온 가족이 예수님을 믿고 거룩한 삶을 삽니다.

부부가 거룩하면

자녀도 거룩하고 깨끗하게 자랍니다.

신앙이 있는 현숙한 여인은

남편을 거룩하게 세우며 자녀를 잘 양육합니다.

"혹 믿지 아니하는 자가 갈리거든 갈리게 하라

형제나 자매나 이런 일에 구애될 것이 없느니라

그러나 하나님은 화평 중에서 너희를 부르셨느니라" 고전7:15

✻

바울 사도는 믿지 않는 자와 갈라설 때는

구애받지 말라고 말했습니다.

바울은 신앙의 자유가 그 무엇보다 중요했습니다.

영혼의 가치를 알면 바울의 신앙을 이해할 수 있습니다.

바울에게 신앙은 생명을 드릴 만큼 소중했습니다.

✻

하나님은 각 교회에 은사를 주셨습니다.

그러므로 하나님이 부르신 대로 행해야 합니다.

"오직 주께서 각 사람에게 나눠 주신 대로

하나님이 각 사람을 부르신 그대로 행하라

내가 모든 교회에서 이와 같이 명하노라" 고전7:17

부부가 서로 사랑하고, 영원한 천국을 바라봅시다.

부르신 사명을 회복하고

기도로 승리하길 주님의 이름으로 축원합니다.

상 받도록
달려가라

22 약한 자들에게 내가 약한 자와 같이 된 것은 약한 자들을 얻고자 함이요 내가 여러 사람에게 여러 모습이 된 것은 아무쪼록 몇 사람이라도 구원하고자 함이니 23 내가 복음을 위하여 모든 것을 행함은 복음에 참여하고자 함이라 24 운동장에서 달음질하는 자들이 다 달릴지라도 오직 상을 받는 사람은 한 사람인 줄을 너희가 알지 못하느냐 너희도 상을 받도록 이와 같이 달음질하라 25 이기기를 다투는 자마다 모든 일에 절제하나니 그들은 썩을 승리자의 관을 얻고자 하되 우리는 썩지 아니할 것을 얻고자 하노라 26 그러므로 나는 달음질하기를 향방 없는 것 같이 아니하고 싸우기를 허공을 치는 것 같이 아니하며 27 내가 내 몸을 쳐 복종하게 함은 내가 남에게 전파한 후에 자신이 도리어 버림을 당할까 두려워함이로다

11

※

고린도 교회는 눈물과 열정,

그리고 성령의 역사로 세워진 교회입니다.

그러나 바울이 떠난 후에

교회에 세상적인 요소가 많이 들어왔습니다.

성적으로 타락하고

갈등의 해결도 세상의 법정에 맡겼으며,

우상에게 올렸던 음식도 구별 없이 먹었습니다.

가정의 해체가 일어나고,

하나님이 세운 사도의 권위에 도전했습니다.

세상이 악해지면

성령의 권위로 이야기를 해도 받아들이지 않습니다.

하나님 말씀의 절대성을 부인합니다.

✳

바울 사도는 속화된 고린도 교회를

건강한 교회로 만들기 위해

성령의 감동을 받아 교훈했습니다.

바울은 사사로운 감정이나 이성의 영역이 아니라

전능하신 하나님의 영의 감동으로

하나님의 말씀을 전했습니다.

"모든 성경은 하나님의 감동으로 된 것으로

교훈과 책망과 바르게 함과

의로 교육하기에 유익하니

이는 하나님의 사람으로 온전하게 하며

모든 선한 일을 행할 능력을

갖추게 하려 함이라" 딤후3:16-17

✒️ 바울 사도는 편견과 싸웠습니다

"나를 비판하는 자들에게 변명할 것이 이것이니" 고전9:3

바울 사도는 예수님께 직접 부름을 받은 후

전심을 다해 순종했습니다.

그는 자신의 자유를 모두 포기하고

오로지 복음 전하는 일에만 열정을 다했습니다.

그러나 고린도 교회에

그의 과거를 비판하는 사람들이 있었습니다.

사역에 열정이 있는 그리스도인은 빛으로 다가가기 때문에

어둠의 세력이 도전해올 수 있습니다.

잘못을 회개했다면 더 이상 과거에 매이지 않고

미래를 도모하는 것이 지혜입니다.

오늘날도 비판 받는 사람보다

비판하는 사람이 문제가 있을 수 있습니다.

어둠이 빛을 칭찬하지 않듯

세상의 문화는 하나님의 말씀을 따르지 않습니다.

또 진리 가운데 선 교회를 비판하고 대적합니다.

그러므로 비판을 두려워하지 말고

하나님만 바라보며 승리하길 바랍니다.

✳

바울 사도는 옳은 일을 하고 정죄받기도 했습니다.

빌립보로 전도 여행 중에

귀신 들린 여종을 고쳐주었다가

주인에 의해 고소를 당한 일도 있었습니다.

“무리가 일제히 일어나 고발하니

상관들이 옷을 찢어 벗기고 매로 치라 하여

많이 친 후에 옥에 가두고 간수에게 명하여 든든히 지키라 하니

그가 이러한 명령을 받아 그들을 깊은 옥에 가두고

그 발을 차꼬에 든든히 채웠더니” 행16:22-24

이것이 무리의 편견이며

불완전한 여론의 모습입니다.

여론은 바울을 고발할 자,

옷을 찢어 벗기고 때려야 할 자,

가둘 자라고 생각했습니다.

✻

잘못된 무리에 속하여

어둠의 세력에 휩싸이고,

의인을 박해하는 실수를 범하지 않도록

기도로 깨어 있어야 합니다.

✻

비판을 두려워하지 맙시다.

오직 예수님을 바라보고,

선을 행하다가

낙심하지 않기를 소원합니다.

"우리가 먹고 마실 권리가 없겠느냐

우리가 다른 사도들과 주의 형제들과 게바와 같이

믿음의 자매 된 아내를 데리고 다닐 권리가 없겠느냐" 고전9:4-5

바울은 먹고 마실 권리가 있습니다.

결혼하고 아내와 동행할 권리가 있습니다.

"우리가 너희에게 신령한 것을 뿌렸은즉

너희의 육적인 것을 거두기로 과하다 하겠느냐" 고전9:11

✳

복음을 전하고 신령한 것을 나눠주었으면

육신의 것으로 받는 것은 당연합니다.

가진 사람은 나누면서 행복하고

받은 사람은 감사하며 행복합니다.

받은 만큼 열심히 일해서

나누어 줄 수 있는 환경을 만들어야 희망이 있습니다.

✳

"내가 차라리 죽을지언정 누구든지 내 자랑하는 것을

헛된 데로 돌리지 못하게 하리라" 고전9:15b

바울 사도는 교회를 지키는 일에

생명을 내어놓았습니다.

생명을 내어놓는 것은 가장 큰 용기입니다.

바울 사도는 복음을 전하는 것을 사명으로 알았습니다.

"내가 복음을 전할지라도

자랑할 것이 없음은 내가 부득불 할 일임이라

만일 복음을 전하지 아니하면 내게 화가 있을 것이로다

내가 내 자의로 이것을 행하면 상을 얻으려니와

내가 자의로 아니한다 할지라도

나는 사명을 받았노라" 고전9:16-17

✻

복음을 전할지라도 자랑하지 않는 것은

사명이기 때문입니다.

아버지가 직장에서 돈을 벌고,

목사가 복음을 전하고,

성도가 헌당을 위하여 헌신하는 것은

자랑할 것이 없습니다.

당연한 사명입니다.

✻

바울은 많은 사람을 구원하기 위해

스스로 모든 자유를 포기했습니다.

"내가 모든 사람에게서 자유로우나

스스로 모든 사람에게 종이 된 것은

더 많은 사람을 얻고자 함이라" 고전9:19

❋

예수님도 하나님의 아들이지만

사람들 속에 들어와 세례 요한의 세례를 받고

하나님이 세운 제도 안으로 들어갔습니다.

자유가 있어도 먼저 그리스도를 위해

종의 사역을 잘 감당하면

하나님이 동행하시고 예비하신 복을 받을 수 있습니다.

승리를 위해 경주해야 합니다

"운동장에서 달음질하는 자들이 다 달릴지라도
오직 상을 받는 사람은 한 사람인 줄을 너희가 알지 못하느냐
너희도 상을 받도록 이와 같이 달음질하라" 고전9:24
상 받는 사람은 오직 한 사람입니다.
"이기기를 다투는 자마다 모든 일에 절제하나니
그들은 썩을 승리자의 관을 얻고자 하되
우리는 썩지 아니할 것을 얻고자 하노라" 고전9:25
감정과 분노를 절제해야 합니다.

❋

우리가 추구하는 것은
썩지 않을 영원한 면류관입니다.
우리의 달음질은 분명한 목표가 있습니다.

❋

"그러므로 나는 달음질하기를 향방 없는 것 같이 아니하고

싸우기를 허공을 치는 것 같이 아니하며" ^{고전9:26}

예수님 안에서는 헛수고가 없습니다.

심는 대로 거둡니다.

하나님은 외모나 배경보다 그 중심을 보십니다.

저도 한 교회에서 46년간 목회하며

며느리가 시어머니가 되고

아이가 부모가 되는 것을 보니

헌신하는 가정에는

반드시 하나님이 복을 주시는 것을 체험합니다.

"내가 내 몸을 쳐 복종하게 함은

내가 남에게 전파한 후에

자신이 도리어 버림을 당할까 두려워함이로다" ^{고전9:27}

바울 사도는 신앙생활하며

자신의 몸을 쳐서 복종했습니다.

열매가 있을 때 하나님의 은혜가 아니라

자신의 공로로 돌리면 그때부터 율법이 지배합니다.

※

은혜가 사라지면 상대의 약점이 보이고
원망과 시비가 생깁니다.
그러나 은혜 가운데 있으면
건강, 환경, 물질도
모든 가진 것이 은혜임을 고백하고
불평하지 않습니다.

가정에서도 먼저 자신의 신앙을 돌아보면
행복한 가정을 만들 수 있습니다.
부모님은 자녀들의 연약을 위해
기도하며 기다리면 희망이 있습니다.

바울 사도가 늘 말씀대로 산 것 같이
우리도 말씀 따라 즐거운 길 가기를
주님의 이름으로 축원합니다.

역사를 보고 깨우치라

1 형제들아 나는 너희가 알지 못하기를 원하지 아니하노니 우리 조상들이 다 구름 아래에 있고 바다 가운데로 지나며 2 모세에게 속하여 다 구름과 바다에서 세례를 받고 3 다 같은 신령한 음식을 먹으며 4 다 같은 신령한 음료를 마셨으니 이는 그들을 따르는 신령한 반석으로부터 마셨으매 그 반석은 곧 그리스도시라 5 그러나 그들의 다수를 하나님이 기뻐하지 아니하셨으므로 그들이 광야에서 멸망을 받았느니라 6 이러한 일은 우리의 본보기가 되어 우리로 하여금 그들이 악을 즐겨 한 것 같이 즐겨 하는 자가 되지 않게 하려 함이니 7 그들 가운데 어떤 사람들과 같이 너희는 우상 숭배하는 자가 되지 말라 기록된 바 백성이 앉아서 먹고 마시며 일어나서 뛰논다 함과 같으니라 8 그들 중의 어떤 사람들이 음행하다가 하루에 이만 삼천 명이 죽었나니 우리는 그들과 같이 음행하지 말자 9 그들 가운데 어떤 사람들이 주를 시험하다가 뱀에게 멸망하였나니 우리는 그들과 같이 시험하지 말자 10 그들 가운데 어떤 사람들이 원망하다가 멸망시키는 자에게 멸망하였나니 너희는 그들과 같이 원망하지 말라 11 그들에게 일어난 이런 일은 본보기가 되고 또한 말세를 만난 우리를 깨우치기 위하여 기록되었느니라 12 그런즉 선 줄로 생각하는 자는 넘어질까 조심하라 13 사람이 감당할 시험 밖에는 너희가 당한 것이 없나니 오직 하나님은 미쁘사 너희가 감당하지 못할 시험 당함을 허락하지 아니하시고 시험 당할 즈음에 또한 피할 길을 내사 너희로 능히 감당하게 하시느니라

❋

좋은 전통과 역사가 있는

가정에 속한 사람은 자존감이 높습니다.

나라도 마찬가지입니다.

역사에 대해 자부심이 있을 때 흔들림이 없고

교회도 소속에 대한 자부심이 있을 때 흔들리지 않습니다.

그러므로 역사를 통해

우리나라가 어떻게 놀라운 경제발전을 이뤘는지,

조상들의 수고를 아는 것은 지혜입니다.

❋

교훈은 과거의 경험에서 옵니다.

가을의 수확은 봄의 씨 뿌림부터 설명해야

감동의 여정이 그려집니다.

가을에 풍성한 열매를 맺지 못했다고 해서,

가을만 나무란다면 문제를 해결할 수 없습니다.

봄에 심고 여름에 가꾼 만큼

가을에 열매가 나타납니다.

✳

이스라엘 민족은 국토가 작고

오랜 세월 흩어져 있었지만

역사 속 교훈을 후손들에게 대대로 전수해왔습니다.

그러므로 어디에 있든지

자신들의 민족성과 정신을 지키며 살아갑니다.

✳

교회가 환난을 이길 수 있는 것은

하나님의 역사를 체험한 이들이

그 역사를 후손들에게 가르쳤기 때문입니다.

그로 인해 후손들의 삶의 중심에

하나님의 역사와 능력이 임합니다.

천지 창조와 노아의 홍수를 통해

하나님의 축복과 심판을 가르침으로

어려움 속에서도 하나님 붙들고

일어날 힘을 주었습니다.

 바울은 하나님의 역사를 알려주었습니다

바울 사도는 살아계신 하나님의

능력과 역사를 성도들에게 전했습니다.

"형제들아 나는 너희가 알지 못하기를 원하지 아니하노니

우리 조상들이 다 구름 아래에 있고 바다 가운데로 지나며" 고전10:1

바울은 성도들이 조상을 보호하셨던

하나님의 역사를 기억하길 바랐습니다.

"모세가 바다 위로 손을 내밀매 여호와께서 큰 동풍이

밤새도록 바닷물을 물러가게 하시니

물이 갈라져 바다가 마른 땅이 된지라" 출14:21

이스라엘 백성은 모세에게 속하여

구름과 바다 가운데 세례를 받았습니다.

❋

소속은 중요합니다.

홍해에서 모세에게 속한 사람은 바다를 건넜지만

바로에게 속한 사람은 모두 익사했습니다.

같은 바닷길이지만 다른 결말을 맞이했습니다.

❋

홍해를 건넌 이스라엘 백성은

광야에서 하나님이 주시는 신령한 음식을 먹고

신령한 음료를 마셨습니다.

"다 같은 신령한 음식을 먹으며 다 같은 신령한 음료를 마셨으니

이는 그들을 따르는 신령한 반석으로부터 마셨으매

그 반석은 곧 그리스도시라" 고전10:3-4

바울은 먹을 수 없는 곳에서 먹게 하시고,

물이 날 수 없는 곳에서 물을 마시게 하신

축복의 하나님을 기억하기를 원했습니다.

신령한 음료를 내는 반석은

곧 예수 그리스도이십니다.

❋

반석 되신 예수님이 계시면

환경을 이길 수 있습니다.

하나님의 은혜로 모든 것이 해결됩니다.

하나님의 역사는 부족한 것을 채워줍니다.

하나님은 기뻐할 수 없는 장소에서도

기뻐할 수 있는 에너지를 주십니다.

❋

예수님이 계시면

광야에서도 오병이어로

풍성함의 기적이 일어나고,

죽은 자의 장례 행렬에서도

생명력이 차고 넘칩니다.

✒ 하나님은 죄를 용납하지 않으십니다

"그러나 그들의 다수를 하나님이 기뻐하지 아니하셨으므로
그들이 광야에서 멸망을 받았느니라" 고전10:5
바울은 성도들에게 하나님의 전적인 보호뿐 아니라
책망과 공의의 심판이 있음을 알려주었습니다.

❇

모세가 가나안에 열두 명의 정탐꾼을 보냈을 때,
능히 이기지 못한다고 보고한
열 지파의 사람들은 광야에서 멸망을 받았습니다.
믿음의 사람인 여호수아와 갈렙만이
살아서 가나안에 들어갔습니다.
하나님을 믿고 거룩한 목표를 세우면
하나님의 은총으로 승리합니다.
"이러한 일은 우리의 본보기가 되어
우리로 하여금 그들이 악을 즐겨 한 것 같이
즐겨 하는 자가 되지 않게 하려 함이니" 고전10:6

✳

역사를 거울삼는 지혜가 있어야 합니다.

음행은 많은 사람에게 큰 고통을 줍니다.

바울은 고린도 교회의 음행을 경고하며

역사 속의 비극을 말했습니다.

"그들 중의 어떤 사람들이 음행하다가

하루에 이만 삼천 명이 죽었나니

우리는 그들과 같이 음행하지 말자" 고전10:8

✳

성경의 교훈을 따라 바르게 사는 것이 지혜입니다.

또한 주님을 시험하지 말아야 합니다.

하나님이 사람을 키우기 위해 시험을 주실 때가 있고

사람을 넘어뜨리기 위해 사단이 시험을 줄 때가 있습니다.

"그들 가운데 어떤 사람들이 주를 시험하다가

뱀에게 멸망하였나니 우리는 그들과 같이 시험하지 말자" 고전10:9

※

하나님의 역사는 성경을 통해 보입니다.

나라의 역사를 바르게 알면

현재와 미래를 바르게 설계할 수 있습니다.

"그들에게 일어난 이런 일은 본보기가 되고

또한 말세를 만난 우리를

깨우치기 위하여 기록되었느니라" 고전10:11

※

역사는 있는 그대로 기록하여

후손들에게 교훈을 줄 때

역사로서의 가치가 있습니다.

하나님은 감당할 시험만 주십니다

"그런즉 선 줄로 생각하는 자는 넘어질까 조심하라" 고전10:12

다윗은 왕이 된 후 우리아의 아내를 범하는 죄를 저질렀습니다.

"내가 탄식함으로 피곤하여 밤마다 눈물로 내 침상을 띄우며

내 요를 적시나이다 내 눈이 근심으로 말미암아 쇠하며

내 모든 대적으로 말미암아 어두워졌나이다" 시6:6-7

＊

항상 하나님의 말씀을 의지하며

겸손하기를 바랍니다.

"사람이 감당할 시험 밖에는 너희가 당한 것이 없나니

오직 하나님은 미쁘사 너희가 감당하지 못할

시험 당함을 허락하지 아니하시고

시험 당할 즈음에 또한 피할 길을 내사

너희로 능히 감당하게 하시느니라" 고전10:13

※

믿음으로 사는 사람은

하나님이 함께함으로 승리합니다.

이제는 바른 교육과 역사관으로 승리해야 합니다.

대한민국을 살리기 위해

건국이념을 계승하고

민주와 경제 발전의 열정을 살려야 합니다.

또 가정과 교회를 세우신

하나님의 뜻을 아는 지혜가 필요합니다.

※

음행과 우상숭배를 멀리하고

말씀을 따라 행복한 가정을 만들어

하나님께 영광을 돌리길 바랍니다.

어떤 시련과 시험이 와도 피할 길이 있음을 믿고,

하나님을 의지하며 나아가길 바랍니다.

하나님이 함께하시면

사자굴, 풀무불, 그 어떤 환경도 이기게 하실 것입니다.

고난 속에서도 승리하시길 주님의 이름으로 축원합니다.

많은 사람을 구원하라

Message

13

23 모든 것이 가하나 모든 것이 유익한 것은 아니요 모든 것이 가하나 모든 것이 덕을 세우는 것은 아니니 24 누구든지 자기의 유익을 구하지 말고 남의 유익을 구하라 25 무릇 시장에서 파는 것은 양심을 위하여 묻지 말고 먹으라 26 이는 땅과 거기 충만한 것이 주의 것임이라 27 불신자 중 누가 너희를 청할 때에 너희가 가고자 하거든 너희 앞에 차려 놓은 것은 무엇이든지 양심을 위하여 묻지 말고 먹으라 28 누가 너희에게 이것이 제물이라 말하거든 알게 한 자와 그 양심을 위하여 먹지 말라 29 내가 말한 양심은 너희의 것이 아니요 남의 것이니 어찌하여 내 자유가 남의 양심으로 말미암아 판단을 받으리요 30 만일 내가 감사함으로 참여하면 어찌하여 내가 감사하는 것에 대하여 비방을 받으리요 31 그런즉 너희가 먹든지 마시든지 무엇을 하든지 다 하나님의 영광을 위하여 하라 32 유대인에게나 헬라인에게나 하나님의 교회에나 거치는 자가 되지 말고 33 나와 같이 모든 일에 모든 사람을 기쁘게 하여 자신의 유익을 구하지 아니하고 많은 사람의 유익을 구하여 그들로 구원을 받게 하라

✳

누워있는 사람은 넘어질 일이 없습니다.

바울은 자신이 성공했다고 생각할 때 조심하라고 했습니다.

낮아짐, 가난, 배고픔, 배부름도

다 감당할 수 있다고 성도들을 위로했습니다.

"무릇 이방인이 제사하는 것은 귀신에게 하는 것이요

하나님께 제사하는 것이 아니니

나는 너희가 귀신과 교제하는 자가 되기를

원하지 아니하노라" 고전10:20

귀신은 영의 역사입니다.

귀신이 들어가면 파괴적이고, 음란한 사람이 되며

온전하던 사람이 물에도, 불에도 넘어집니다.

※

그러나 하나님의 성령의 역사는

사람을 사랑하고 하나님을 예배합니다.

지금도 전통 가정에서는

제사와 추도 예배 사이의 갈등이 있습니다.

그러나 무엇이 사람에게 더욱 유익한지를

생각하는 지혜가 필요합니다.

우리나라는 하나님의 말씀으로 행복해졌습니다.

복음이 들어오면서 남녀가 동등해졌고

나라와 가정이 행복해졌습니다.

※

모든 것을 통치하시는 분은 오직 하나님입니다.

영혼 구원을 위해

자기를 부인하며 살아간 바울을 보며

은혜받고 행복하기를 바랍니다.

✒️ 상대의 양심을 보호해야 합니다

"누가 너희에게 이것이 제물이라 말하거든
알게 한 자와 그 양심을 위하여 먹지 말라
내가 말한 양심은 너희의 것이 아니요
남의 것이니 어찌하여 내 자유가
남의 양심으로 말미암아 판단을 받으리요" 고전10:28-29

❋

악인과 선인의 양심은 다릅니다.
선인의 양심은 하나님 말씀에 기준을 둡니다.
반면 악인의 양심은 세상적이며
성공이나 목적을 위해서는
무슨 악이든지 서슴지 않습니다.
양심은 가진 정보와 지식에 따라 다르게 작용합니다.
"만일 내가 감사함으로 참여하면
어찌하여 내가 감사하는 것에 대하여
비방을 받으리요" 고전10:30

❋

크리스천의 가치관은

사람의 생명을 물질, 명예, 만물보다 귀히 여깁니다.

예수님을 믿은 후에는 마음이 달라집니다.

사랑을 받은 사람이 사랑할 수 있고

배려를 받은 사람이 배려할 수 있습니다.

악한 것만 보고 산다면 악행은 매우 자연스러워집니다.

그들에게는 양심을 움직일만한 지식이 없습니다.

❋

"누구든지 자기의 유익을 구하지 말고

남의 유익을 구하라" 고전10:24

장성한 자녀에게 복을 주시는 하나님의 약속을 믿을 때

남의 유익을 구할 수 있습니다.

예수님은 남을 나보다 낮게 여기라고 했습니다.

"누구든지 자기를 높이는 자는 낮아지고

누구든지 자기를 낮추는 자는 높아지리라" 마23:12

높여주시는 하나님을 바라볼 때

낮아질 수 있는 여유가 생깁니다.

✳

말씀을 믿으면

원수를 사랑하는 능력이 임합니다.

믿는 자의 원수는 하나님이 갚으십니다.

"내 사랑하는 자들아 너희가 친히 원수를 갚지 말고

하나님의 진노하심에 맡기라 기록되었으되

원수 갚는 것이 내게 있으니 내가 갚으리라고

주께서 말씀하시니라" 롬12:19

✳

주님의 사상으로 무장해서

가는 곳마다 복음을 전파하는 지혜로

상 받는 자가 되길 바랍니다.

모든 것을 하나님의 영광을 위하여

"그런즉 너희가 먹든지 마시든지 무엇을 하든지

다 하나님의 영광을 위하여 하라" 고전10:31

"너는 마음을 다하고 뜻을 다하고 힘을 다하여

네 하나님 여호와를 사랑하라" 신6:5

하나님이 사람을 창조한 목적은 영광을 받기 위함입니다.

하나님께 영광을 돌리는 삶을 살면

미래는 매우 아름답습니다.

하나님의 영광을 위해

먹고, 마시고, 행동하면 전능자가 책임지십니다.

✳

"이같이 너희 빛이 사람 앞에 비치게 하여

그들로 너희 착한 행실을 보고

하늘에 계신 너희 아버지께 영광을 돌리게 하라" 마5:16

하나님은 그리스도인에게 빛을 주셨습니다.

빛으로 멀리 볼 수 있습니다.

멀리 볼 수 있기 때문에

민족의 미래를 생각하고 동성애를 반대합니다.

※

빛은 진리이고 사랑입니다.

그 빛을 사람 앞에

비추는 사명을 주셨습니다.

어둠 속에 있는 자에게

빛을 비추는 것은 착한 행실입니다.

착한 행실은

하나님의 영광을 위함입니다.

※

"내 이름으로 불려지는 모든 자

곧 내가 내 영광을 위하여

창조한 자를 오게 하라

그를 내가 지었고

그를 내가 만들었느니라" 사43:7

✳

500년 전 종교개혁이 일어날 때도

루터의 양심과 교권주의자들의 양심이 달랐습니다.

당시의 사제들은 형식과 권위주의에 잡혀 있었지만

루터의 양심은 말씀과 성령에 잡혀 있어

성경을 부인하지 않았습니다.

✳

하나님은 저에게도 긍휼한 마음을 주셨습니다.

선한 사람을 돕지 않으면 마음이 아픕니다.

이 마음은 하나님이 주신 양심이며 따뜻한 마음입니다.

하나님이 주신 양심을 가지고 삽시다.

하나님이 인간을 창조하실 때

인간은 서로 사랑했습니다.

부부도 한 사상과 한 신앙 안에서

서로 사랑하고 존경했습니다.

※

하나님 중심으로 살면

부모, 형제, 부부 간에 존경하고 사랑합니다.

하나님께는 항상 기도하고 열매 맺는 삶입니다.

하나님이 원하시는 사회는

자녀를 사랑하고, 생육하고 번성하여

후손이 땅에 충만한 사회입니다.

하나님의 영광을 위한 소원을 갖고 기도합시다.

많은 사람을 구원해야 합니다

"유대인에게나 헬라인에게나 하나님의 교회에나

거치는 자가 되지 말고" 고전10:32

신자와 불신자 모두 시험에 들게 하지 않아야 합니다.

양보하고 타협하라는 것이 아니라

그들의 각자의 문화를 인정하고

화목하게 지내야 합니다.

✻

교제하고 사랑할 때도

자신이 가진 진리와 소금의 맛을 나타내기를 바랍니다.

바울은 자신의 삶을 보고 이같이 하라고 했습니다.

"나와 같이 모든 일에 모든 사람을 기쁘게 하여

자신의 유익을 구하지 아니하고

많은 사람의 유익을 구하여

그들로 구원을 받게 하라" 고전10:33

✻

바울은 늘 빚진 자의 자세로 신앙생활을 했습니다.

오직 복음을 위해 선교를 떠날 때 기쁨이 있었습니다.

자신이 아니라 상대의 구원을 먼저 생각했습니다.

바울은 복음을 대적하는 자도 구원받기를 원했습니다.

헬라인이나 히브리인, 이방인을 전도하기 위해

그들의 유익을 먼저 생각했습니다.

❋

자유와 평화가 있고

열심히 일할 때 기쁨을 누리는 나라가 되도록 해야 합니다.

박해를 받을 때는 믿음으로 극복해야 합니다.

예수님의 이름으로 선을 행하고

그 선이 구원으로 연결되면 하나님이 역사하십니다.

사랑을 실천하는 복 있는 사람이 되길 바랍니다.

❋

길을 걸을 때도

이곳에 있는 모두가 구원받고

행복하길 바라는 마음을 가지고 걸으면

피곤함이 없고 마음이 상쾌합니다.

바른 소원이 바른 행동으로 나타나고,

바른 가치관이 좋은 환경을 만듭니다.

❄

"지혜 있는 자는 궁창의 빛과 같이 빛날 것이요
많은 사람을 옳은 데로 돌아오게 한 자는
별과 같이 영원토록 빛나리라" 단12:3
지역의 복음화를 위해 일어납시다.

❄

많은 사람을 옳은 곳으로 인도하는 바울의 음성에는
하늘의 별과 같이 빛나기를 바라는
귀한 소원이 담겨 있습니다.
말씀을 가슴에 새기고 항상 승리하길
주님의 이름으로 축원합니다.

교훈과 칭찬을 겸하라

Message

14

1 내가 그리스도를 본받는 자가 된 것 같이 너희는 나를 본받는 자가 되라 2 너희가 모든 일에 나를 기억하고 또 내가 너희에게 전하여 준 대로 그 전통을 너희가 지키므로 너희를 칭찬하노라 3 그러나 나는 너희가 알기를 원하노니 각 남자의 머리는 그리스도요 여자의 머리는 남자요 그리스도의 머리는 하나님이시라 4 무릇 남자로서 머리에 무엇을 쓰고 기도나 예언을 하는 자는 그 머리를 욕되게 하는 것이요 5 무릇 여자로서 머리에 쓴 것을 벗고 기도나 예언을 하는 자는 그 머리를 욕되게 하는 것이니 이는 머리를 민 것과 다름이 없음이라 6 만일 여자가 머리를 가리지 않거든 깎을 것이요 만일 깎거나 미는 것이 여자에게 부끄러움이 되거든 가릴지니라 7 남자는 하나님의 형상과 영광이니 그 머리를 마땅히 가리지 않거니와 여자는 남자의 영광이니라 8 남자가 여자에게서 난 것이 아니요 여자가 남자에게서 났으며 9 또 남자가 여자를 위하여 지음을 받지 아니하고 여자가 남자를 위하여 지음을 받은 것이니 10 그러므로 여자는 천사들로 말미암아 권세 아래에 있는 표를 그 머리 위에 둘지니라 11 그러나 주 안에는 남자 없이 여자만 있지 않고 여자 없이 남자만 있지 아니하니라 12 이는 여자가 남자에게서 난 것 같이 남자도 여자로 말미암아 났음이라 그리고 모든 것은 하나님에게서 났느니라 13 너희는 스스로 판단하라 여자가 머리를 가리지 않고 하나님께 기도하는 것이 마땅하냐 14 만일 남자에게 긴 머리가 있으면 자기에게 부끄러움이 되는 것을 본성이 너희에게 가르치지 아니하느냐 15 만일 여자가 긴 머리가 있으면 자기에게 영광이 되나니 긴 머리는 가리는 것을 대신하여 주셨기 때문이니라 16 논쟁하려는 생각을 가진 자가 있을지라도 우리에게나 하나님의 모든 교회에는 이런 관례가 없느니라

※

하나님은 시대마다

사람을 부르고 역할을 주십니다.

전도자가 있고 양육자가 있으며,

몸으로 충성하고, 지식으로 봉사하고,

물질로 헌신하여 하나님의 뜻을 이룹니다.

※

구원과 영원한 행복을 위해서

본받고 따라야 할 분은 오직 예수님입니다.

그 분은 길, 진리, 생명입니다.

우리의 삶에 예수님이 계시면

영원한 행복과 상급이 있는 영광의 삶입니다.

그것을 깨달은 바울 사도는 가는 곳마다 복음을 전했고

고린도 교회에 편지했습니다.

"내가 그리스도를 본받는 자가 된 것 같이

너희는 나를 본받는 자가 되라" 고전11:1

❊

그는 예수 그리스도의 순종과 사역,

지식과 인격을 닮고자 했습니다.

그는 행복했습니다.

자기를 따르는 이들도 행복하기를 바랐습니다.

그러므로 예수님을 따르길 부탁했습니다.

자신을 본받으라는 말은 참 하기 힘든 말입니다.

그러나 내가 그리스도를 본받았으므로

나를 본받으라고 했습니다.

앞서가는 지도자의 모습입니다.

본 받을 대상을 분명히 아는

위대한 하나님의 종이었습니다.

❋

고린도 교회는 바울이 개척했고

떠난 후에도 편지로 교훈을 받을 수 있어

성도들은 행복했습니다.

예수님도 소아시아 일곱 교회의 수고를 아시고 교훈했습니다.

"내가 네 행위와 수고와 네 인내를 알고

또 악한 자들을 용납하지 아니한 것과

자칭 사도라 하되 아닌 자들을 시험하여

그의 거짓된 것을 네가 드러낸 것과

또 네가 참고 내 이름을 위하여

견디고 게으르지 아니한 것을 아노라" 계2:2-3

❋

오직 예수 그리스도를

본받으려는 지도자와 동행하면

미래가 있고 영원이 있습니다.

 **말씀을 통해 교회를 보호합니다**

사도의 권위에 도전하는 사람이 있었습니다.
"다른 사람들에게는 내가 사도가 아닐지라도
너희에게는 사도이니 나의 사도 됨을
주 안에서 인친 것이 너희라" 고전9:2
그러나 바울을 통해
그리스도의 약속한 능력과 권세가 나타나고
고린도 교회가 세워졌습니다.

❋

좋은 열매는 좋은 나무의 증거입니다.
건강한 교회, 좋은 목회자에게 속하면
건강한 성도, 좋은 성도가 될 수 있습니다.

※

고린도 교회는 죄에 대해 무감각한 상태였습니다.

그러나 잘못을 일러주고 책망하는 주의 종이 있기에

희망이 있었습니다.

"그리하고도 너희가 오히려 교만하여져서

어찌하여 통한히 여기지 아니하고

그 일 행한 자를 너희 중에서 쫓아내지 아니하였느냐" 고전5:2

※

하나님은 교회를 보호하기 위해

선지자와 사도들을 통해 말씀을 주십니다.

그리고 교회를 더럽히는 사람을 멸하여

교회의 거룩성을 보전하십니다.

사탄의 사역은 성령을 속입니다. 거짓말을 합니다.

그러나 하나님 앞에서 거짓을 말하면

하나님이 용납하지 않습니다.

하나님의 사랑은 악을 멸하여

교회와, 선한 이들을 보호합니다.

※

하나님은 미움의 분량보다 사랑의 분량이 많으신 분입니다.

하나님은 다 알고 계십니다.

문제 많은 고린도 교회가 유지되는 것은

하나님이 간섭하시고

바울처럼 바르고 강직한 지도자가 있기 때문입니다.

오늘날 현대 교회와 한국 교회가 유지되는 것은

그 속에 아주 충성된 목회자와

성도들이 있기 때문입니다.

하나님이 간섭하시면 희망이 있습니다.

교회 안에 칭찬받는 성도들이 있습니다

"너희가 모든 일에 나를 기억하고
또 내가 너희에게 전하여 준 대로
그 전통을 너희가 지키므로 너희를 칭찬하노라" 고전11:2

고린도 교회에는 하나님 말씀에 강하게 붙들린
성도들이 있기에 희망이 있었습니다.
"내가 너와 함께 있으매 어떤 사람도 너를 대적하여
해롭게 할 자가 없을 것이니 이는 이 성중에
내 백성이 많음이라 하시더라" 행18:10

일 년 육 개월 동안 가르침을 받은 이들은
말씀 가운데 든든히 서서
지역과 문화의 갈등을 복음으로 잘 이겨내고
천국 복음을 전했습니다.
바울은 그들을 칭찬했습니다.

※

하나님은 선지자나 사도들을 통해 일하시고

그들을 통해 징계하고 칭찬합니다.

교회는 하나님의 사랑과 예수님의 순종,

성령의 감동된 이들을 통해 세워지며

성령 안에서 말씀에 순종하는 자를 통해

세상의 빛과 소금의 역할을 감당케 하십니다.

※

바울에게 칭찬받는 성도들은 고린도 교회의 보배입니다.

우리 교회도 건강한 교회가 되고 행복한 부흥이 일어나는 것은

묵묵히 예수님만 보고 신앙생활하는 성도들의 열매입니다.

인간적인 보살핌을 요구하지 않고

가정처럼 헌신하는 건강한 성도들의 복된 삶이 있습니다.

이런 성도가 보배입니다.

하나님은 다 아시고 칭찬하십니다.

후손들이 복을 받으며 어떤 위기가 와도 극복할 힘이 있습니다.

이 시대 속에서 칭찬받는 성도가 되길 바랍니다.

교회의 질서를 알고 회복해야 합니다

"그러나 나는 너희가 알기를 원하노니

각 남자의 머리는 그리스도요 여자의 머리는 남자요

그리스도의 머리는 하나님이시라" 고전11:3

남자가 그리스도를 머리로 삼지 않으면

능력이 나타나지 않습니다.

여자가 남편을 머리로 여기지 않으면 질서가 깨집니다.

이 말씀에 나타나는 질서는

계급과 지배 관계가 아니라 섬김의 순서입니다.

섬기는 자가 큰 자입니다.

❄

하나님은 예수님을 보내시고

예수님은 구원을 위해 자신의 생명을 드렸습니다.

남자의 머리 되신 그리스도가 제자의 발을 씻겼습니다.

성도를 위해 십자가에서 대속의 은혜를 입혔습니다.

✳

"남편들아 아내 사랑하기를 그리스도께서 교회를 사랑하시고

그 교회를 위하여 자신을 주심 같이 하라" 엡5:25

남자는 그리스도가 교회를 위해

생명을 주심같이 아내를 사랑하라 했습니다.

"논쟁하려는 생각을 가진 자가 있을지라도

우리에게나 하나님의 모든 교회에는

이런 관례가 없느니라" 고전11:16

하나님 말씀은 절대적입니다.

예수님 안에서는 순종만 있습니다.

순종한 후 지나고 보면

천국의 누림이 있음을 깨닫습니다.

✳

바울도 아덴에서 논리와 철학으로 논쟁할 때
어떤 사람도 변화시킬 수 없었습니다.
이후 고린도에서는
오직 성령을 의지하여 복음을 전했습니다.
그러자 사람이 변화하고, 지역이 변화하고,
교회가 든든히 서고, 흔들리지 않았습니다.
행복해졌습니다.

✳

이제 성도는 일어나야 합니다.
청년들은 세계를 품고 꿈을 가져야 합니다.
전능하신 하나님이 우리의 아버지입니다.
전능하신 하나님을 아버지라 부르면서
나약할 이유가 없습니다.
환경에 초조해 하지 말고
할 수 있다는 믿음으로 승리합시다.

※

하나님을 바라보고

대한민국이 자유와 평화와 행복의 나라가 되도록

갈멜산의 엘리야처럼 간절히 기도합시다.

우리에게 예비된 천국을 기대하며

힘을 얻고 하나님이 주시는 복을 누리길

주님의 이름으로 축원합니다.

신령한 성도의 삶

Message

15

1 형제들아 신령한 것에 대하여 나는 너희가 알지 못하기를 원하지 아니하노니 2 너희도 알거니와 너희가 이방인으로 있을 때에 말 못하는 우상에게로 끄는 그대로 끌려 갔느니라 3 그러므로 내가 너희에게 알리노니 하나님의 영으로 말하는 자는 누구든지 예수를 저주할 자라 하지 아니하고 또 성령으로 아니하고는 누구든지 예수를 주시라 할 수 없느니라

✳

오늘의 삶은 미래를 결정합니다.

우리의 미래는 미래에 결정되는 것이 아니라

지금 결정됩니다.

과거의 삶이 오늘의 열매이며,

오늘에 충실한 자만이 미래를 말할 수 있습니다.

봄에 씨 뿌리는 양에 따라

가을에 거두는 양도 다름을 아는 것이 지혜자입니다.

✳

고린도 교회에는 바울 같은 지도자가 있어 행복했습니다.

그는 자신이 받은 기쁨을 그들도 받길 원했습니다.

대적하고 당을 짓는 사람들 속에서도

가르친 대로 지키려는 사람을 칭찬했습니다.

"너희가 모든 일에 나를 기억하고

또 내가 너희에게 전하여 준 대로

그 전통을 너희가 지키므로 너희를 칭찬하노라" 고전11:2

※

지혜로운 사람은 같음과 다름을 분별하고
진리 안에서 조화로운 환경을 만듭니다.
말씀과 성령의 역사가 있고,
그 말씀을 받아서 굳건하게 서 있는 성도가 있었기에
고린도 교회는 아름답게 유지되었습니다.

신령한 것에 대해 알아야 합니다

"형제들아 신령한 것에 대하여
나는 너희가 알지 못하기를 원하지 아니하노니" 고전12:1
신령한 것에 대하여 알아야 합니다.
"태초에 하나님이 천지를 창조하시니라" 창1:1
하나님이 천지를 창조하셨습니다.
그중에 사람은 하나님의 형상으로 지음 받은
최고의 걸작이요, 아름다운 존재입니다.

✳

"땅이 혼돈하고 공허하며 흑암이 깊음 위에 있고
하나님의 영은 수면 위에 운행하시니라" 창1:2
성령이 임하면 질서를 잡습니다.
혼돈과 공허와 흑암을 물리칩니다.
그 영은 질서의 영, 사랑의 영,
거룩한 영, 회복의 영이기 때문입니다.

예수님이 구원자로 이 땅에 오실 때에도
성령으로 잉태되어 오셨습니다.
"예수 그리스도의 나심은 이러하니라
그의 어머니 마리아가 요셉과 약혼하고 동거하기 전에
성령으로 잉태된 것이 나타났더니" 마1:18

✳

교회의 시작도 오순절 성령의 역사로 시작됐습니다.

예수님은 승천하시며 예루살렘을 떠나지 말고

약속된 성령을 받으라고 했습니다.

"그 후에 내가 내 영을 만민에게 부어 주리니

너희 자녀들이 장래 일을 말할 것이며

너희 늙은이는 꿈을 꾸며 너희 젊은이는 이상을 볼 것이며

그 때에 내가 또 내 영을 남종과 여종에게 부어 줄 것이며" 욜2:28-29

✳

성령을 부어주신다는 예언이

오순절 다락방에서 성취됐습니다.

성령은 능력이 있고 분별력이 있습니다.

그러므로 성령의 인도함을 받는 사람은

죄, 심판, 의에 대해 알고, 분별할 수 있습니다.

✻

성령의 사람이 되길 바랍니다.

개인의 구원도 성령으로 가능합니다.

"너희가 회개하여 각각 예수 그리스도의 이름으로 세례를 받고

죄 사함을 받으라 그리하면 성령의 선물을 받으리니" 행2:38

성령은 교회에 화목과 유익을 주고 성도를 사랑합니다.

성령은 회개한 자 속에서 역사하십니다.

순리와 역리를 분별해야 합니다

"너희도 알거니와 너희가 이방인으로 있을 때에

말 못하는 우상에게로 끄는 그대로 끌려 갔느니라" 고전12:2

인간이 만든 우상을 좇는 것은

어둠에 속한 이들의 특징입니다.

하나님 말씀을 떠나 우상에게 끌려가면

모든 것을 보는 시각과 생각에 문제가 생깁니다.

하나님의 축복이 무엇인지 분별하지 못합니다.

❋

성령의 사람 바울은

하나님이 버린 자의 삶을 말했습니다.

"이 때문에 하나님께서 그들을 부끄러운 욕심에 내버려 두셨으니

곧 그들의 여자들도 순리대로 쓸 것을 바꾸어 역리로 쓰며

그와 같이 남자들도 순리대로 여자 쓰기를 버리고

서로 향하여 음욕이 불 일듯 하매

남자가 남자와 더불어 부끄러운 일을 행하여

그들의 그릇됨에 상당한 보응을 그들 자신이 받았느니라" 롬1:26-27

❋

남자와 여자의 결혼은 순리입니다.

하지만 여자와 여자,

남자와 남자의 결혼은 역리입니다.

이들은 대를 이을 수 없고 상당한 질병에 시달립니다.

순리대로 살아야 합니다.

※

자녀는

하나님이 주신 기업이고

상급입니다.

자녀는 영광이고 축복입니다.

그것을 알지 못하면

산고가 고문이 되고

양육의 수고가 노동이 됩니다.

※

생명의 소중함을 알면

산고는 어머니가 되는 과정이요,

양육의 수고는 누림이고 행복의 씨입니다.

또 하나님 앞에서 순종의 삶입니다.

하나님의 말씀 안에서 깨달아야 합니다.

❋

농부를 사랑하면 농사하는 터전을 보호해야 하고

사람을 사랑하거든 가정을 보호해야 합니다.

청년을 사랑한다면

그들이 일할 수 있는 기업을 보호해야 합니다.

교회가 부흥하려면

온 교회는 말씀 전하는 기관을 보호하고

말씀이 충만하게 해야 합니다.

말씀에 순종하고 성령 안에서

순리를 따라 승리하기를 바랍니다.

✒ 예수님을 '주'로 고백할 때 역사가 나타납니다

"또 성령으로 아니하고는

누구든지 예수를 주시라 할 수 없느니라" 고전12:3b

성령을 받으면 예수님을 '주'로 고백합니다.

예수님을 믿는 자는 은사와 능력이 임합니다.

"은사는 여러 가지나 성령은 같고

직분은 여러 가지나 주는 같으며

또 사역은 여러 가지나 모든 것을 모든 사람 가운데서

이루시는 하나님은 같으니 각 사람에게 성령을 나타내심은

유익하게 하려 하심이라" 고전12:4-7

성령을 통해 은사가 임하고 직분이 주어집니다.

복음 전하는 사역, 섬기는 사역,

감독의 사역, 말씀 전하는 사역 등을 주십니다.

✳

성령을 통해 나타나는 것은 모든 사람에게 유익을 줍니다.

여러분을 만나서 복음을 듣는 사람은 생명을 얻습니다.

우리가 가는 곳마다 많은 사람이 행복해지고 유익이 있습니다.

성령의 사람이 가는 길입니다.

✳

"항상 기뻐하라 쉬지 말고 기도하라 범사에 감사하라

이것이 그리스도 예수 안에서

너희를 향하신 하나님의 뜻이니라" 살전5:16-18

기뻐하고 기도하고 범사에 감사하며 삽시다.

성령의 인도함을 받아

오직 하나님의 말씀을 믿어야 합니다.

하나님 앞과 교회에서는 겸손하고 사랑하며,

세상의 불의한 세력 앞에는

당당하게 맞서는 강한 능력이 있길 축원합니다.

우리에게는 길, 생명, 진리 되신

예수님이 있습니다.

다양한 은사를 인정하라

Message

16

4 은사는 여러 가지나 성령은 같고 5 직분은 여러 가지나 주는 같으며 6 또 사역은 여러 가지나 모든 것을 모든 사람 가운데서 이루시는 하나님은 같으니 7 각 사람에게 성령을 나타내심은 유익하게 하려 하심이라 8 어떤 사람에게는 성령으로 말미암아 지혜의 말씀을, 어떤 사람에게는 같은 성령을 따라 지식의 말씀을, 9 다른 사람에게는 같은 성령으로 믿음을, 어떤 사람에게는 한 성령으로 병 고치는 은사를, 10 어떤 사람에게는 능력 행함을, 어떤 사람에게는 예언함을, 어떤 사람에게는 영들 분별함을, 다른 사람에게는 각종 방언 말함을, 어떤 사람에게는 방언들 통역함을 주시나니 11 이 모든 일은 같은 한 성령이 행하사 그의 뜻대로 각 사람에게 나누어 주시는 것이니라

❋

예수님께서 사랑하는 제자들에게
"시험에 들지 않게 깨어 기도하라"고 했습니다.
예수님이 곧 십자가를 지시고,
제자들은 박해를 받을 것을 아셨기 때문입니다.

예수님은 하나님의 뜻 가운데
십자가를 지심으로 구원을 완성했습니다.
그리고 승천하기 전에 약속하신 대로
오순절에 성령이 임했습니다.
백이십 명의 제자는 성령을 받았습니다.
그들은 다양한 은사를 받고
전 세계에 흩어져 복음을 전했습니다.
우리도 그 복음을 받았습니다.

❋

성부 하나님, 성자 예수님은 사랑이십니다.

회개한 자에게 역사하시는 성령도

사랑의 성령님입니다.

성령님은 여러 가지 은사를 주십니다.

하나님은 창조의 때에도

인간에게 큰 선물을 주었습니다.

에덴동산을 만들어 주시고 징계로 보호했습니다.

죄로 인해 죽은 인간을 구원하기 위해

독생자까지 주셨습니다.

"그는 실로 우리의 질고를 지고 우리의 슬픔을 당하였거늘

우리는 생각하기를 그는 징벌을 받아

하나님께 맞으며 고난을 당한다 하였노라

그가 찔림은 우리의 허물 때문이요

그가 상함은 우리의 죄악 때문이라

그가 징계를 받으므로 우리는 평화를 누리고

그가 채찍에 맞으므로 우리는 나음을 받았도다" 사53:4-5

✽

예수님은 인간의 아픔과 고통을

대신 담당했습니다.

그를 믿는 것이 구원이요,

그를 따르는 자는 지혜자입니다.

그 어떤 상황 속에서도

예수님만 계시면 행복합니다.

성령이 임하면

이 모든 것이 믿어집니다.

성령은 유익을 주십니다

"은사는 여러 가지나 성령은 같고" 고전12:4

한 나무에는 뿌리, 잎, 줄기, 꽃, 열매가 있습니다.

모두 연합하고 함께 그 기능을 다할 때

한 그루의 나무가 됩니다.

이와 같이 성령이 주시는 은사는 다양합니다.

그 은사는 사람에게 유익을 줍니다.

"각 사람에게 성령을 나타내심은

유익하게 하려 하심이라" 고전12:7

✳

성령님은 영원 전부터 후까지 아시고

사람을 지혜롭게 합니다.

분별력과 지혜와 지식의 말씀을 주시며

병 고치는 은사를 주십니다.

✳

솔로몬은 하나님께 일천번제를 드리며

좋은 지도자로 살기를 소원했습니다.

하나님은 솔로몬의 중심을 보시고 지혜를 주셨습니다.

이후 한 아이를 두고

서로 자신의 아이라 다투는 두 여인을 재판할 때,

솔로몬은 모성애를 시험하여

현명한 판결을 내렸습니다.

"왕이 대답하여 이르되 산 아이를 저 여자에게 주고

결코 죽이지 말라 저가 그의 어머니이니라 하매" 왕상3:27

온 이스라엘은 하나님의 지혜가 그 속에 역사하시고

지혜롭게 판결함을 보았습니다.

이것이 성령의 역사입니다.

성령은 하나님의 계시를 알게 하는 능력이 있습니다.

성령은 모든 학문을 깨닫게 합니다.

성령을 통해 능력을 입히십니다

"다른 사람에게는 같은 성령으로 믿음을,

어떤 사람에게는 한 성령으로 병 고치는 은사를," 고전12:9

성령은 어떤 사람에게는

환경을 이길 수 있는 믿음을,

어떤 사람에게는 병 고치는 은사를 주십니다.

❈

세상에는 악령과 성령이 존재합니다.

악령은 사람을 지배하려고 하지만

성령은 악령을 쫓아내고 회복시킵니다.

그러므로 예수님을 믿으면 행복합니다.

✳

"오직 성령의 열매는

사랑과 희락과 화평과 오래 참음과 자비와

양선과 충성과 온유와 절제니

이같은 것을 금지할 법이 없느니라" 갈5:22-23

미움을 사랑으로, 불안을 평안으로,

싸움과 갈등을 평화와 화해로 바꾸십니다.

성령님은 질병에 붙잡힌 자를

건강으로 회복시키고 자유케 합니다.

구약에 나아만 장군이

선지자의 말에 순종함으로 한센병이 나았습니다.

교회에 와서 말씀을 들을 때

사람의 말이 아닌 하나님의 말씀으로 믿고 순종하면

기적을 체험합니다.

"보혜사 곧 아버지께서 내 이름으로 보내실 성령 그가

너희에게 모든 것을 가르치고

내가 너희에게 말한 모든 것을 생각나게 하리라" 요14:26

※

지금도 살아계신 하나님께 기도하여

성령의 인도를 받기를 바랍니다.

"믿음의 기도는 병든 자를 구원하리니

주께서 그를 일으키시리라

혹시 죄를 범하였을지라도 사하심을 받으리라

그러므로 너희 죄를 서로 고백하며 병이 낫기를 위하여

서로 기도하라 의인의 간구는 역사하는 힘이 큼이니라" 약5:15-16

✒ 성령이 임재하면 균형 잡힌 삶을 삽니다

"어떤 사람에게는 능력 행함을,

어떤 사람에게는 예언함을,

어떤 사람에게는 영들 분별함을,

다른 사람에게는 각종 방언 말함을,

어떤 사람에게는 방언들 통역함을 주시나니

이 모든 일은 같은 한 성령이 행하사

그의 뜻대로 각 사람에게 나누어 주시는 것이니라" 고전12:10-11

✳

그리스도인으로 살아가려면

강력한 믿음이 있어야 합니다.

반석 되신 예수님의 정신, 사상, 말씀에 뿌리 내려서

세상에 지지 않고 복음의 진리를 고수해야 합니다.

반석되신 예수님의 말씀에 기초하면

시련이 와도 무너지지 않습니다.

※

하나님은 택한 백성의 유익을 위해

말씀을 주셨습니다.

항상 기뻐하며 쉬지 말고 기도하라고 하십니다.

항상 기도하라는 말씀은

하나님께 항상 묻고 동행하며,

전능자의 지혜로 어둠을 이기라는 말씀입니다.

※

생육하고 번성하라는 말씀을 기억합시다.

부부는 서로 사랑하며

아내는 남편을 존중하고

남편은 아내를 사랑합시다.

❉

하나님은 예수님과 주의 일을 전하는 사도들에게는
영의 분별함을 주었습니다.
사탄은 세상의 것을 먼저 생각하고
거룩한 꿈을 갖지 못하게 하지만
하나님이 보낸 성령은
하나님의 뜻대로 이루게 합니다.
사탄의 역사가 아닌
하나님의 뜻대로 결정하는
분별력을 갖길 바랍니다.

❉

하늘의 지혜는 심는 것부터 가르쳐 주십니다.
심지도 않고 거둘 수 없습니다.
일하는 기쁨을 누리는 지혜자가 되길 바랍니다.

✳

나라를 위해 기도합시다.

하나님이 주시는 비전을 추구하며,

다른 사람에게도 꿈과 비전을 공유하는

참 지도자가 되시길 바랍니다.

회개하고 주님의 뜻대로 복음을 전하며

승리하길 주님의 이름으로 축원합니다.

고난도
영광도
함께 누리라

Message

17

12 몸은 하나인데 많은 지체가 있고 몸의 지체가 많으나 한 몸임과 같이 그리스도도 그러하니라 13 우리가 유대인이나 헬라인이나 종이나 자유인이나 다 한 성령으로 세례를 받아 한 몸이 되었고 또 다 한 성령을 마시게 하셨느니라 14 몸은 한 지체뿐만 아니요 여럿이니 15 만일 발이 이르되 나는 손이 아니니 몸에 붙지 아니하였다 할지라도 이로써 몸에 붙지 아니한 것이 아니요 16 또 귀가 이르되 나는 눈이 아니니 몸에 붙지 아니하였다 할지라도 이로써 몸에 붙지 아니한 것이 아니니 17 만일 온 몸이 눈이면 듣는 곳은 어디며 온 몸이 듣는 곳이면 냄새 맡는 곳은 어디냐 18 그러나 이제 하나님이 그 원하시는 대로 지체를 각각 몸에 두셨으니 19 만일 다 한 지체뿐이면 몸은 어디냐 20 이제 지체는 많으나 몸은 하나라 21 눈이 손더러 내가 너를 쓸 데가 없다 하거나 또한 머리가 발더러 내가 너를 쓸 데가 없다 하지 못하리라 22 그뿐 아니라 더 약하게 보이는 몸의 지체가 도리어 요긴하고 23 우리가 몸의 덜 귀히 여기는 그것들을 더욱 귀한 것들로 입혀 주며 우리의 아름답지 못한 지체는 더욱 아름다운 것을 얻느니라 그런즉 24 우리의 아름다운 지체는 그럴 필요가 없느니라 오직 하나님이 몸을 고르게 하여 부족한 지체에게 귀중함을 더하사 25 몸 가운데서 분쟁이 없고 오직 여러 지체가 서로 같이 돌보게 하셨느니라 26 만일 한 지체가 고통을 받으면 모든 지체가 함께 고통을 받고 한 지체가 영광을 얻으면 모든 지체가 함께 즐거워하느니라 27 너희는 그리스도의 몸이요 지체의 각 부분이라 28 하나님이 교회 중에 몇을 세우셨으니 첫째는 사도요 둘째는 선지자요 셋째는 교사요 그 다음은 능력을 행하는 자요 그 다음은 병 고치는 은사와 서로 돕는 것과 다스리는 것과 각종 방언을 말하는 것이라 29 다 사도이겠느냐 다 선지자이겠느냐 다 교사이겠느냐 다 능력을 행하는 자이겠느냐 30 다 병 고치는 은사를 가진 자이겠느냐 다 방언을 말하는 자이겠느냐 다 통역하는 자이겠느냐 31 너희는 더욱 큰 은사를 사모하라 내가 또한 가장 좋은 길을 너희에게 보이리라

17

✳

바울은 고린도 교회 성도들에게 성령에 대해 말했습니다.

성령 안에는 여러 가지 은사가 있어

지혜의 말씀, 지식의 말씀, 믿음의 은사, 병 고치는 능력,

영을 분별함, 방언 말함을

그의 뜻대로 각 사람에게 주십니다.

"몸은 하나인데 많은 지체가 있고 몸의 지체가 많으나

한 몸임과 같이 그리스도도 그러하니라" 고전12:12

교회는 한 성령으로 하나 되었습니다.

"우리가 유대인이나 헬라인이나 종이나 자유인이나

다 한 성령으로 세례를 받아 한 몸이 되었고

또 다 한 성령을 마시게 하셨느니라" 고전12:13

하나님은 모든 지체에 기능을 주셨습니다.

※

모든 지체는 서로 돕고 협력하는 관계입니다.

모두가 서로 도와야 살 수 있습니다.

모든 지체가 머리의 명령을 따라 움직일 때

함께 잘 살 수 있습니다.

육신에 어느 한 지체도 쓸모없는 곳이 없듯

구원받은 성도들 모두 소중합니다.

※

"오직 하나님이 몸을 고르게 하여

부족한 지체에게 귀중함을 더하사

몸 가운데서 분쟁이 없고

오직 여러 지체가

서로 같이 돌보게 하셨느니라" 고전12:24b-25

❋

지체는 고난도 영광도 같이 누립니다.

"만일 한 지체가 고통을 받으면

모든 지체가 함께 고통을 받고

한 지체가 영광을 얻으면

모든 지체가 함께 즐거워하느니라" 고전12:26

그리스도의 지체는 몸된 교회를 보호하고

함께 성장하고 보듬어 갑니다.

❋

오직 교회의 머리되신

예수 그리스도께 순종함이

행복의 시작이요, 삶의 목적입니다.

성도는 그리스도의 몸입니다

"너희는 그리스도의 몸이요 지체의 각 부분이라" 고전12:27

'너희'는 고린도 교회 성도들을 의미합니다.

오늘날에는 말씀을 듣는 우리 모두를 지칭합니다.

고린도 교회에는 성적으로 타락하고

권위에 도전하는 사람도 있었습니다.

그러나 바울은 모두 그리스도의 지체라고 했습니다.

그들의 삶과 선행이 아니라

예수님이 그들을 위해 피 흘리셨음을

믿음의 눈으로 보았기 때문입니다.

※

우리는 행함과 노력으로 구원받은 것이 아닙니다.

그리스도의 보혈의 피로 용서함을 받아

신령한 예배에 초청받았습니다.

"하나님이 세상을 이처럼 사랑하사 독생자를 주셨으니

이는 그를 믿는 자마다 멸망하지 않고

영생을 얻게 하려 하심이라" 요3:16

※

우리는 영생을 얻은 자의 반열에 서 있습니다.

예수님을 믿는 것은 지혜로운 판단입니다.

"영접하는 자 곧 그 이름을 믿는 자들에게는

하나님의 자녀가 되는 권세를 주셨으니" 요1:12

❋

성령의 임재는 회개한 자에게 임한 선물입니다.
오늘 예배에 초청된 우리는 최고의 복을 받았습니다.
하나님이 우리를 초청하여 신령한 세계를 알게 하고
천국의 소망을 주심을 알면
교회에 오는 발걸음이 가볍습니다.
말씀을 들을 때마다 마음에 심령의 천국을 이룹니다.

❋

교회는 그리스도의 지체인
성도들로 이루어진 신령한 가족입니다.
소중한 가족을 내 지체처럼 사랑합시다.

교회를 지탱하기 위해 사역을 주십니다

"하나님이 교회 중에 몇을 세우셨으니

첫째는 사도요 둘째는 선지자요 셋째는 교사요

그 다음은 능력을 행하는 자요

그 다음은 병 고치는 은사와 서로 돕는 것과

다스리는 것과 각종 방언을 말하는 것이라" 고전12:28

모든 성도에게 은사를 고루 나누어주었습니다.

첫째는 사도입니다.

교회를 세우고 그곳에 하나님의 질서를 세우도록

감독하는데 가장 뛰어납니다.

둘째는 선지자입니다.

선지자란 초자연적인 계시를 받고

하나님의 영감으로 말하는 사람입니다.

"밤에 주께서 환상 가운데 바울에게 말씀하시되

두려워하지 말며 침묵하지 말고 말하라

내가 너와 함께 있으매 어떤 사람도 너를 대적하여

해롭게 할 자가 없을 것이니 이는 이 성중에

내 백성이 많음이라 하시더라" 행18:9-10

✳

셋째는 교사입니다.

교사란 하나님의 말씀을 가르치기 위해

초자연적으로 기름 부음을 받은 사람입니다.

교사는 신령하고 신비한 하나님의 말씀을 가르칩니다.

하나님이 주신 은사를 잘 알아야

어디에 가든지 머리가 되고 꼬리가 되지 않습니다.

하나님이 나에게 준 은사를 알고 잘 계발해야 합니다.

"우리에게 주신 은혜대로 받은 은사가 각각 다르니

혹 예언이면 믿음의 분수대로,

혹 섬기는 일이면 섬기는 일로,

혹 가르치는 자면 가르치는 일로,

혹 위로하는 자면 위로하는 일로,

구제하는 자는 성실함으로,

다스리는 자는 부지런함으로,

긍휼을 베푸는 자는 즐거움으로 할 것이니라" 롬12:6-8

＊
자신에게 준 은사를 잘 알고 나아가면
하나님이 높여주십니다.
좋은 교사, 섬김을 기뻐하는 자가 되어서
하나님이 주시는 특별한 은혜를
체험하길 바랍니다.

지체로서 가진 은사에 충실해야 합니다

"다 사도이겠느냐 다 선지자이겠느냐 다 교사이겠느냐
다 능력을 행하는 자이겠느냐" 고전12:29

하나님은 믿음의 분량대로 직분을 주어 일하게 합니다.

하나님이 주신 은사에 충실할 때 승리할 수 있습니다.

하나님이 주신 특별한 은사를 발견하지 못하면
무명으로 남습니다.

사도는 사도답게, 선지자는 선지자답게,

교사는 교사로서 하나님이 주신 말씀에 충실하고

자신이 받은 것에 충성해야 합니다.

✳

하나님이 우리 교회에 주신 은사는

성도를 가족으로 생각하고 함께 동행하는 은혜입니다.

아비목회, 어미복지라는 이름을 주셨습니다.

기도할 때 주신 응답대로 행한 것이

오늘날 복지의 역사입니다.

✳

모는 교회는 하나님이 주신 은사가 다릅니다.

그 은사를 찾는 교회는 유지되고 성장합니다.

나와 다름을 인정하고

자신의 은사를 소중히 여기며 자족할 때

감사하며 살아갈 수 있습니다.

"너희는 더욱 큰 은사를 사모하라

내가 또한 가장 좋은 길을 너희에게 보이리라" 고전12:31

✳

성도에게 제일 큰 은사는

그리스도를 닮아 천국 백성의 실력으로 사는 것입니다.

빛 되신 하나님의 뜻을 깨달으면 멀리 볼 수 있습니다.

하나님이 주신 좁은 길, 영생의 길, 진리의 길로

달려가시길 바랍니다.

✳

사람에게 가장 귀한 길은 예수님이십니다.

예수님이 함께 하심을 알면

빛으로 어둠의 세력을 물리칠 수 있습니다.

"예수께서 이르시되 내가 곧 길이요 진리요 생명이니

나로 말미암지 않고는 아버지께로 올 자가 없느니라" 요14:6

✳

장년은 영원을 준비하고,

어린아이들은 100년을 준비해

대한민국과 한국 교회를 바로 세우고

민족 복음화를 이루며

천국의 누림을 꿈꾸길 바랍니다.

믿음의 사람이 가는 길에

홍해와 같은 어려움이 와도

하나님의 능력으로 홍해를 건널 수 있습니다.

예수 그리스도의 거룩한 지체가 된 것에

감사합시다.

THE FIRST

3부 사랑으로 행하라

고린도전서 13~24장

사랑의 위대함을 알라

Message

18

1 내가 사람의 방언과 천사의 말을 할지라도 사랑이 없으면 소리 나는 구리와 울리는 꽹과리가 되고 2 내가 예언하는 능력이 있어 모든 비밀과 모든 지식을 알고 또 산을 옮길 만한 모든 믿음이 있을지라도 사랑이 없으면 내가 아무 것도 아니요 3 내가 내게 있는 모든 것으로 구제하고 또 내 몸을 불사르게 내 줄지라도 사랑이 없으면 내게 아무 유익이 없느니라 4 사랑은 오래 참고 사랑은 온유하며 시기하지 아니하며 사랑은 자랑하지 아니하며 교만하지 아니하며 5 무례히 행하지 아니하며 자기의 유익을 구하지 아니하며 성내지 아니하며 악한 것을 생각하지 아니하며 6 불의를 기뻐하지 아니하며 진리와 함께 기뻐하고 7 모든 것을 참으며 모든 것을 믿으며 모든 것을 바라며 모든 것을 견디느니라

♥

고린도 교회에는 성령의 은혜가 임했습니다.

하나님의 강권적인 역사가 나타나고

기도하는 사람마다 은사를 받았습니다.

그들은 자신의 은사를 자랑하기 시작했습니다.

서로 자신의 은사가 더 중요하고

자신의 직분이 더 크고 소중하다고 주장했습니다.

그러자 바울이 말했습니다.

"은사는 여러 가지나 성령은 같고

직분은 여러 가지나 주는 같으며

또 사역은 여러 가지나 모든 것을 모든 사람 가운데서

이루시는 하나님은 같으니" 고전12:4-6

요즘 우리나라에서 바울과 같이

손수건, 앞치마로 병을 낫게 한다면

사람들은 받아들일 수 없을 것입니다.

그러나 하나님의 신비의 세계는

인간의 이성으로는 측량할 수 없습니다.

성령의 역사는 그 열매로 나타납니다.

고린도전서 12장이 은사의 장이라면

13장은 사랑에 대해 말씀합니다.

사랑은 은사의 열매이며 사역의 열매입니다.

"내가 사람의 방언과 천사의 말을 할지라도

사랑이 없으면 소리 나는 구리와 울리는 꽹과리가 되고" 고전13:1

이 말씀을 한 이유는

고린도 교회에 은사와 방언으로 인해

교만한 사람이 있기 때문이었습니다.

그러나 산을 옮길 만한 믿음이 있어도

사랑이 없으면 아무것도 아닙니다.

좋은 성도와 좋은 교회는

하나님 앞에 경건히 예배드립니다.

하나님을 사랑하고 사람을 사랑합니다.

그리고 사람들의 마음을 평안하게 합니다.

사람과 잘 교통하는 것도, 천사의 말도 너무 귀하지만

사랑이 없으면 공해와 소음에 불과합니다.

♥

꽃나무는 꽃으로 말하고

농부의 땀은 수확으로 말하며

과수원의 나무는

열매가 있어야 하듯

하나님이 주신 은사에는

사랑이 있어야 합니다.

 ## 은사에는 사랑이 있어야 합니다

"내가 예언하는 능력이 있어

모든 비밀과 모든 지식을 알고

또 산을 옮길 만한 모든 믿음이 있을지라도

사랑이 없으면 내가 아무 것도 아니요" _{고전13:2}

예언하는 능력과 모든 비밀과

모든 지식을 아는 능력은 굉장한 축복입니다.

또 산을 옮길 만한 모든 믿음은 참으로 대단한 믿음입니다.

그러나 사랑이 없으면 유익이 없습니다.

사랑의 가치는 참 크고 귀합니다.

♥

사랑이 없는 예언,

사랑이 없는 지식,

사랑이 없는 믿음은

아무것도 아닙니다.

♥

하나님은 모든 것을 사랑 때문에 주셨고,

사랑의 바탕 위에 교회가 세워졌으며,

사랑으로 인간을 회복시킵니다.

"하나님이 세상을 이처럼 사랑하사 독생자를 주셨으니

이는 그를 믿는 자마다 멸망하지 않고

영생을 얻게 하려 하심이라" 요3:16

"하나님은 사랑이시라 사랑 안에 거하는 자는

하나님 안에 거하고 하나님도 그의 안에 거하시느니라" 요일4:16b

"유월절 전에 예수께서 자기가 세상을 떠나

아버지께로 돌아가실 때가 이른 줄 아시고

세상에 있는 자기 사람들을 사랑하시되

끝까지 사랑하시니라" 요13:1

교회에서 행하는 모든 일은

사랑이 중심이 되어야 합니다.

교회가 하나님의 사랑에 바탕을 두면

반석처럼 굳건합니다. 흔들림이 없습니다.

"그러므로 누구든지 나의 이 말을 듣고 행하는 자는

그 집을 반석 위에 지은 지혜로운 사람 같으리니" 마7:24

집은 계절마다 어려운 환경을 맞닥뜨립니다.

겨울에는 눈의 무게를 감당해야 하고

여름에는 장마와 홍수를 감당해야 합니다.

때로는 태풍도 감당할 수 있어야 좋은 집입니다.

하나님을 사랑하는 사람은 신앙을 양보하지 않습니다.

하나님께 삶으로 온전한 예배를 드리면

세상의 빛으로 선한 영향력을 끼칠 수 있습니다.

사랑이 없으면 아무 유익이 없습니다

"내가 내게 있는 모든 것으로 구제하고
또 내 몸을 불사르게 내줄지라도 사랑이 없으면
내게 아무 유익이 없느니라" 고전13:3
구제는 아름다우나 영혼 사랑이 바탕이 되지 않으면
천국의 누림과는 멀어집니다.

주의 이름으로 선을 행하면
하나님이 기억하시고 하늘의 상급이 있지만,
자신의 이름으로 구제하면
그는 이 땅에서 영광을 받는 것으로 그칩니다.
"너는 구제할 때에 오른손이 하는 것을 왼손이 모르게 하여
네 구제함을 은밀하게 하라 은밀한 중에 보시는
너의 아버지께서 갚으시리라" 마6:3-4

♥

중심에 사랑을 가져야 합니다.

사랑을 전할 때 자신을 나타내지 않아야 합니다.

구제할 때 예수님의 이름으로 구제해서

사람들이 착한 행실을 보고

영광을 하나님께 돌리도록 해야 합니다.

"이같이 너희 빛이 사람 앞에 비치게 하여

그들로 너희 착한 행실을 보고

하늘에 계신 너희 아버지께 영광을 돌리게 하라" 마5:16

고아와 과부를 돌보는 것이 참된 경건입니다.

"하나님 아버지 앞에서

정결하고 더러움이 없는 경건은

곧 고아와 과부를 그 환난중에 돌보고

또 자기를 지켜 세속에

물들지 아니하는 그것이니라" 약1:27

상대를 위해 희생을 하고 살신성인을 해도

사랑이 없으면 자기에게 유익이 없습니다.

제일 큰 계명은 하나님을 사랑하고

이웃을 내 몸과 같이 사랑하라는 말씀입니다.

"네 마음을 다하며 목숨을 다하며

힘을 다하며 뜻을 다하여

주 너의 하나님을 사랑하고

또한 네 이웃을 네 자신 같이 사랑하라

하였나이다" 눅10:27

♥

자신을 사랑하는 사람이
남을 사랑할 수 있고,
구원의 확신이 있는 사람이
남에게 구원의 확신을 줄 수 있습니다.

우리가 운영하던 성민요양원에는
언제나 복음이 있고 예배가 있었습니다.
늘 예수님을 전함으로
초조함과 슬픔 대신
감사와 천국의 소망이 넘쳤습니다.

예수님을 전해주는 것이 최고의 사랑입니다.
예수님이 계신 곳은 희망이 있습니다.
"예수께서 이르시되
내가 곧 길이요 진리요 생명이니
나로 말미암지 않고는
아버지께로 올 자가 없느니라" 요14:6

 ## 사랑의 성품은 아름답습니다

"사랑은 오래 참고 사랑은 온유하며 시기하지 아니하며
사랑은 자랑하지 아니하며 교만하지 아니하며
무례히 행하지 아니하며 자기의 유익을 구하지 아니하며
성내지 아니하며 악한 것을 생각하지 아니하며" 고전13:4-5
사람이 조급하고 분노하고 시기하고
자기의 유익만 구하는 이유는
사랑이 떨어졌기 때문입니다.
자신에게 사랑이 없음을 모르면
상대방의 약점만 보입니다.

♥

사랑의 대상을 바르게 해야 합니다.
"하나님의 아들들이 사람의 딸들의 아름다움을 보고
자기들이 좋아하는 모든 여자를 아내로 삼는지라" 창6:2
"돈을 사랑함이 일만 악의 뿌리가 되나니
이것을 탐내는 자들은 미혹을 받아 믿음에서 떠나
많은 근심으로써 자기를 찔렀도다" 딤전6:10

♥

사람의 본성을 따르면

돈과 명예와 권력을 사랑합니다.

육성이 사람을 지배하면

사랑해야 할 대상을 분별하지 못하고

하나님의 뜻과 멀어집니다.

그러나 하나님을 사랑하면 사람을 사랑하고,

물질의 주인이 되는 실력이 생깁니다.

사랑이 있으면 모든 것을 견딥니다.

"불의를 기뻐하지 아니하며

진리와 함께 기뻐하고

모든 것을 참으며 모든 것을 믿으며

모든 것을 바라며 모든 것을 견디느니라" 고전13:6-7

하나님의 사랑을 생각하면 고통을 견딜 수 있습니다.

진리를 기뻐하고, 억울한 일을 당해도 참고,

승리의 날이 올 것을 믿습니다.

오늘날 교회가 사회적 영향력을 잃었다고
염려하는 이들도 있으나 지금이 기회입니다.
다니엘이 시대의 법을 거스르고
하루 세 번 기도함으로 사자굴에 들어갔지만
그 굴은 회복의 장소가 되었습니다.
탕자에게 찾아온 가난은
아버지께 돌아오는 계기가 되었습니다.

한국 교회는 이제 기도로 일어날 것입니다.
기도와 회개를 시작으로 하나님의 사랑으로 일어납니다.
성도는 희망이 있습니다.
복음의 분명한 기준으로 자신을 세워 가면
어둠의 세력은 물러갑니다.

사랑이 넘치는 교회와 가정이 되길
주님의 이름으로 축원합니다.

불변의 사랑을 가지자

Message

19

8 사랑은 언제까지나 떨어지지 아니하되 예언도 폐하고 방언도 그치고 지식도 폐하리라 9 우리는 부분적으로 알고 부분적으로 예언하니 10 온전한 것이 올 때에는 부분적으로 하던 것이 폐하리라 11 내가 어렸을 때에는 말하는 것이 어린 아이와 같고 깨닫는 것이 어린 아이와 같고 생각하는 것이 어린 아이와 같다가 장성한 사람이 되어서는 어린 아이의 일을 버렸노라 12 우리가 지금은 거울로 보는 것 같이 희미하나 그 때에는 얼굴과 얼굴을 대하여 볼 것이요 지금은 내가 부분적으로 아나 그 때에는 주께서 나를 아신 것 같이 내가 온전히 알리라 13 그런즉 믿음, 소망, 사랑, 이 세 가지는 항상 있을 것인데 그 중의 제일은 사랑이라

남녀가 만나 결혼할 때

서로 사랑을 진심으로 고백합니다.

그러나 시간이 지나면 사랑의 강도가 약해지고,

서로를 짐스러워하기도 합니다.

이 사랑은 풀잎에 핀 꽃들의 사랑 같습니다.

영원하지 않습니다.

인생의 육신적 사랑, 정욕적 사랑은

시들고 사라질 수 있습니다.

때로는 사랑했던 만큼 더 미워하기도 합니다.

바울 사도가 말한 사랑은

성령으로 이뤄지는 사랑입니다.

이 사랑은 환경을 이기고 서로를 행복하게 합니다.

"내가 예언하는 능력이 있어 모든 비밀과 모든 지식을 알고

또 산을 옮길 만한 모든 믿음이 있을지라도

사랑이 없으면 내가 아무 것도 아니요" 고전13:2

♥

사랑 없는 은사는 유익이 없습니다.

하나님이 사랑이시고, 예수님이 사랑이시고,

성령님도 사랑이시기 때문에

은사에는 사랑이 나타납니다.

"내가 내게 있는 모든 것으로 구제하고

또 내 몸을 불사르게 내줄지라도

사랑이 없으면 내게 아무 유익이 없느니라" 고전13:3

많은 사람들을 돕고

사람들에게 감사와 칭찬을 받아도,

성령님이 주시는 사랑의 동기가 아니면

아무런 유익이 없습니다.

말씀 안에서 순종하고, 하나님께 기도할 때

응답으로 사랑의 마음을 주십니다.

"그런즉 믿음, 소망, 사랑, 이 세 가지는

항상 있을 것인데 그 중의 제일은 사랑이라" 고전13:13

믿음 밭에서 사랑이 태어납니다

믿음, 소망, 사랑 세 가지는 항상 있습니다.

나무에는 뿌리, 줄기, 열매가 있습니다.

그중 열매가 가장 중요하지만

뿌리와 줄기가 있어야 열매를 맺습니다.

믿음은 나무로 비유하면 뿌리와 같습니다.

열매를 맺을 때는 믿음이 필요합니다.

믿음이 없이는 아무것도 할 수 없습니다.

"하나님이 세상을 이처럼 사랑하사 독생자를 주셨으니

이는 그를 믿는 자마다 멸망하지 않고

영생을 얻게 하려 하심이라" 요3:16

♥

믿음을 가질 때 하나님의 자녀가 될 수 있습니다.

구원도 믿음으로 가능합니다.

"그러므로 믿음은 들음에서 나며

들음은 그리스도의 말씀으로 말미암았느니라" 롬10:17

설교를 하는 것도 믿음을 키워주기 위함입니다.

말씀을 듣고 믿어야 합니다.

"이에 예수께서 그들의 눈을 만지시며 이르시되

너희 믿음대로 되라 하시니" 마9:29

믿음의 분량은 기적의 분량입니다.

믿는 그대로 이루어집니다. 믿음의 눈으로 보아야 합니다.

"믿음은 바라는 것들의 실상이요

보이지 않는 것들의 증거니" 히11:1

"믿음이 없이는 하나님을 기쁘시게 하지 못하나니

하나님께 나아가는 자는 반드시 그가 계신 것과

또한 그가 자기를 찾는 자들에게 상 주시는 이심을

믿어야 할지니라" 히11:6

♥

그가 상 주시는 이심을 믿을 때

하나님은 기뻐하시고,

믿음이 행함과 함께 이루어질 때

기적을 체험할 수 있습니다.

소망 안에서 사랑이 자랍니다

참된 믿음은 하나님의 약속을 믿습니다.

"믿음으로 모세는 장성하여

바로의 공주의 아들이라 칭함 받기를 거절하고

도리어 하나님의 백성과 함께 고난 받기를

잠시 죄악의 낙을 누리는 것보다 더 좋아하고

그리스도를 위하여 받는 수모를 애굽의 모든 보화보다

더 큰 재물로 여겼으니 이는 상 주심을 바라봄이라" 히11:24-26

약속을 믿으면 소망이 생깁니다.

하나님이 주시는 소망이 있으므로

모세는 애굽 왕자의 자리도 마다하고

그리스도에게 속하는 것을 선택했습니다.

세상의 여러 가지 환경 속에서도
우선순위를 하나님께 두고 예배드립시다.

"그들은 믿음으로 나라들을 이기기도 하며
의를 행하기도 하며 약속을 받기도 하며
사자들의 입을 막기도 하며" 히11:33

예수님을 믿으면
항상 희망을 가실 수 있습니다.
부활의 신앙이 있으면
고난 속에서도 당당히 견딜 수 있습니다.
약속을 믿을 때 소망을 가지고 인내하면서
기다릴 수 있습니다.

노년을 생각하고 영원을 생각하면
잠시도 실망하지 않습니다.
새로운 100년을 준비하는 우리 교회도
어린이들을 보면 희망이 넘칩니다.
이 나라의 미래와 후손들의 행복을 위해
지금 준비해야 합니다.
어린아이들의 기초를
반석 위에 놓아 주어야 합니다.

♥

천국을 확신하고 열심히 복음을 전하면
희망이 있습니다.
현재의 크고 작은 문제는 아무것도 아닙니다.
자족과 감사가 넘치는 삶이 되길 바랍니다.

# 사랑은 믿음과 소망의 열매입니다

"그런즉 믿음, 소망, 사랑, 이 세 가지는 항상 있을 것인데

그 중의 제일은 사랑이라" 고전13:13

하나님을 사랑하고 사람을 사랑하라고

믿음과 소망을 주셨습니다.

그러므로 사랑은 소중합니다.

농부가 나무를 심고 가꾸는 것은

열매를 맺기 위해서입니다.

물을 주고 거름도 주지만

농부의 만족과 사랑은 그 열매에 있습니다.

믿음과 소망 없이는

사랑이 생길 수 없습니다.

또 사랑 없는 믿음과 소망도 헛된 것입니다.

♥

하나님이 주신 사랑은 영원합니다.
하나님의 사랑은 중단되지 않습니다.
끝까지 사랑하십니다.

"유월절 전에 예수께서 자기가 세상을 떠나
아버지께로 돌아가실 때가 이른 줄 아시고
세상에 있는 자기 사람들을 사랑하시되
끝까지 사랑하시니라" 요13:1

❤

하나님의 사랑은

환경이나 사탄이나 그 누구도

방해할 수 없습니다.

"누가 우리를 그리스도의 사랑에서 끊으리요

환난이나 곤고나 박해나 기근이나 적신이나 위험이나 칼이랴

기록된 바 우리가 종일 주를 위하여 죽임을 당하게 되며

도살 당할 양 같이 받았나이다 함과 같으니라

그러나 이 모든 일에 우리를 사랑하시는 이로 말미암아

우리가 넉넉히 이기느니라" 롬8:35-37

♥

하나님은 우리의 영혼을

독생성자 예수님을 주시기까지 사랑하셨습니다.

그러므로 하나님은 우리를 절대 버리지 않으십니다.

회복할 수 있고 회개할 수 있을 때

하나님께 돌아오기를 바랍니다.

사랑은 하나님이 주신 가장 큰 계명입니다.

"예수께서 이르시되 네 마음을 다하고 목숨을 다하고

뜻을 다하여 주 너의 하나님을 사랑하라 하셨으니.

이것이 크고 첫째 되는 계명이요 둘째도 그와 같으니

네 이웃을 네 자신 같이 사랑하라 하셨으니

이 두 계명이 온 율법과 선지자의 강령이니라" 마22:37-40

마음을 다하고 뜻을 다하여

하나님을 사랑하면

우리의 미래는 아름다워질 것입니다.

질서와 화평의 하나님

Message

20

20 형제들아 지혜에는 아이가 되지 말고 악에는 어린 아이가 되라 지혜에는 장성한 사람이 되라 21 율법에 기록된 바 주께서 이르시되 내가 다른 방언을 말하는 자와 다른 입술로 이 백성에게 말할지라도 그들이 여전히 듣지 아니하리라 하였으니 22 그러므로 방언은 믿는 자들을 위하지 아니하고 믿지 아니하는 자들을 위하는 표적이나 예언은 믿지 아니하는 자들을 위하지 않고 믿는 자들을 위함이니라 23 그러므로 온 교회가 함께 모여 다 방언으로 말하면 알지 못하는 자들이나 믿지 아니하는 자들이 들어와서 너희를 미쳤다 하지 아니하겠느냐 24 그러나 다 예언을 하면 믿지 아니하는 자들이나 알지 못하는 자들이 들어와서 모든 사람에게 책망을 들으며 모든 사람에게 판단을 받고 25 그 마음의 숨은 일들이 드러나게 되므로 엎드리어 하나님께 경배하며 하나님이 참으로 너희 가운데 계신다 전파하리라 26 그런즉 형제들아 어찌할까 너희가 모일 때에 각각 찬송시도 있으며 가르치는 말씀도 있으며 계시도 있으며 방언도 있으며 통역함도 있나니 모든 것을 덕을 세우기 위하여 하라 27 만일 누가 방언으로 말하거든 두 사람이나 많아야 세 사람이 차례를 따라 하고 한 사람이 통역할 것이요 28 만일 통역하는 자가 없으면 교회에서는 잠잠하고 자기와 하나님께 말할 것이요 29 예언하는 자는 둘이나 셋이나 말하고 다른 이들은 분별할 것이요 30 만일 곁에 앉아 있는 다른 이에게 계시가 있으면 먼저 하던 자는 잠잠할지니라 31 너희는 다 모든 사람으로 배우게 하고 모든 사람으로 권면을 받게 하기 위하여 하나씩 하나씩 예언할 수 있느니라 32 예언하는 자들의 영은 예언하는 자들에게 제재를 받나니 33 하나님은 무질서의 하나님이 아니시요 오직 화평의 하나님이시니라

사랑이 존재하는 곳은 미래가 달라집니다.
"그런즉 믿음, 소망, 사랑,
이 세 가지는 항상 있을 것인데
그 중의 제일은 사랑이라" 고전13:13

예수 그리스도는 하나님의 사랑으로 이 땅에 왔습니다.
성경 속에는 예수 그리스도의 보혈이 흐릅니다.

고린도 교회는 사랑받지 못할 사람이 많았습니다.
음란한 자, 분쟁하는 자, 당 짓는 자, 거리의 도적도 있었습니다.
그러나 그중에는 하나님을 사랑하고 바울을 귀히 여기며
말씀을 따라 사는 성도들이 있었습니다.
그러므로 고린도 교회에
강한 성령의 역사가 나타났습니다.

성령이 처음 임한 때는 마가의 다락방이었습니다.

성령이 사람들의 마음과 언어를 지배했습니다.

예수님의 탄생만큼 성령의 임재 또한 귀한 역사적 사실입니다.

그러나 성령의 역사를 조롱하는 이들도 있었습니다.

하나님의 말씀은 생명이며 빛이므로

사망과 어둠이 대적할 때가 있습니다.

대적이 일어날 때라도

좌절하거나 흔들리지 않길 바랍니다.

♥

고린도 교회는 성령의 은사를 받았고 직분자도 세워졌습니다.

성도들은 서로 은사의 우월성을 주장하면서

다른 사람을 정죄하고 분쟁했습니다.

그때 바울은 은사를 행할 때 알아야 할 것을

성도들에게 교훈했습니다.

 신령한 것의 핵심은 사랑입니다

"그러므로 내가 너희에게 알리노니

하나님의 영으로 말하는 자는

누구든지 예수를 저주할 자라 하지 아니하고

또 성령으로 아니하고는

누구든지 예수를 주시라 할 수 없느니라" 고전12:3

성령으로 아니하고는 예수님을 주시라 할 수 없습니다.

신령한 것의 핵심은 사랑입니다.

"사랑을 추구하며 신령한 것들을 사모하되

특별히 예언을 하려고 하라" 고전14:1

이 사랑은 진리 안에 있는 사랑입니다.

하나님의 사랑은 절대 변함이 없습니다.

하나님을 사랑하고 사람을 사랑함으로

어떤 일을 시작한다면 하나님 앞에 영광입니다.

신앙과 전도에도 유익합니다.

♥

상대가 나를 계속 필요로 하면
사랑은 멈추지 않고 계속됩니다.
그러므로 십자가 위에 세워진 교회는
어떤 박해 가운데도 유지됩니다.

♥

빌리 그레이엄 목사님은
하나님을 내 편으로 만들지 않고
내가 하나님 편이 되도록 기도했습니다.

인간관계에서도 마찬가지입니다.
사람을 내 편으로 만드는 것이 아니라
그 사람이 행복하도록 도와주어야 합니다.
지혜로운 사람은 회개하는 사람입니다.
회개를 통해 성령이 오심을 믿고
과거에 매이지 않아야 합니다.
"그런즉 누구든지 그리스도 안에 있으면
새로운 피조물이라 이전 것은 지나갔으니
보라 새 것이 되었도다" 고후5:17

용서하시는 하나님을 바라보며 회개하고,
같은 죄를 범하지 않아야 합니다.

♥

은사를 진리대로 사용해야 합니다.

고린도 교회에도 방언의 은사가 넘쳐났지만

사람을 가르칠 때는

사람이 알아들을 수 있도록 하라고 했습니다.

하나님의 말씀을 전할 때

현재 문화와 언어를 고려해야 합니다.

"그러나 교회에서 네가 남을 가르치기 위하여

깨달은 마음으로 다섯 마디 말을 하는 것이

일만 마디 방언으로 말하는 것보다 나으니라" 고전14:19

"그러므로 너희도 영적인 것을 사모하는 자인즉
교회의 덕을 세우기 위하여 그것이 풍성하기를 구하라" 고전14:12
하나님을 믿고 구원의 확신이 있는 사람은
교회의 덕을 세우기 위해
하나님의 은사를 사용하고 행합니다.
방언과 통역을 하며 영으로 기도하고 영으로 찬송합니다.

"형제들아 지혜에는 아이가 되지 말고
악에는 어린 아이가 되라
지혜에는 장성한 사람이 되라" 고전14:20
지혜에 장성한 사람은
하나님의 지혜를 가진 사람입니다.
지혜의 왕이라 불린 솔로몬은
하나님이 주신 자연과
인간의 섭리를 잘 알았습니다.

♥

다윗 왕은 죄를 숨기지 않고
회개하는 지혜가 있었습니다.
충분한 권력이 있었지만
나단 선지자가 죄를 지적할 때
죄를 숨기지 않고 회개했습니다.

신령한 깨달음도 지혜이며,
회개하는 것도 지혜입니다.
지혜의 눈으로 보면
노인의 삶은 천국의 길목입니다.
희망이 있습니다.

아이의 탄생도 희망입니다.
민족과 세계의 복음화를 이룰 수 있는
에너지를 가진 아이들을 보면
희망이 있습니다.

우리의 삶과 가정에도
희망이 넘침을 깨닫고
예수 그리스도를
따라가길 바랍니다.

♥

"예언하는 자들의 영은 예언하는 자들에게 제재를 받나니" 고전14:32

영적인 사람은 자신의 분수를 알고 말하며 행동합니다.

살아있는 건강한 사람의 지체는

머리의 지시를 따라 움직입니다.

"몸 가운데서 분쟁이 없고

오직 여러 지체가 서로 같이 돌보게 하셨느니라" 고전12:25

그러나 병든 지체는 그 몸을 아프게 합니다.

"만일 한 지체가 고통을 받으면

모든 지체가 함께 고통을 받고

한 지체가 영광을 얻으면

모든 지체가 함께 즐거워하느니라" 고전12:26

♥

그리스도는 교회의 머리입니다.

"너희는 그리스도의 몸이요 지체의 각 부분이라" 고전12:27

오직 그리스도의 명령에 따라 움직여야

건강한 지체입니다.

귀신들은 상대의 영적 상태를 알아보고

제재를 하기도, 제재를 받기도 합니다.

세상의 모든 영은 결국

하나님의 영인 성령에게 지배당하고 쫓겨납니다.

"그 때에 귀신 들려 눈 멀고 말 못하는 사람을

데리고 왔거늘 예수께서 고쳐 주시매

그 말 못하는 사람이 말하며 보게 된지라" 마12:22

성령의 역사를 믿고 깨어 기도하기를 바랍니다.

신령한 자는 질서와 화평을 추구합니다

"하나님은 무질서의 하나님이 아니시요

오직 화평의 하나님이시니라" 고전14:33

하나님은 질서의 하나님입니다.

교회와 가정에도 질서를 세워주셨습니다.

"화평하게 하는 자는 복이 있나니

그들이 하나님의 아들이라 일컬음을 받을 것임이요" 마5:9

하나님의 질서는 화평으로 열매 맺습니다.

사과나무는 사과를 열고

배나무는 배를 열 듯

하나님의 사람은 화평을 구해야 합니다.

고린도 교회를 사랑하는 바울은

은사와 직분이 질서와 화평 안에 실천되어

더 많은 사람에게 복음이 전파되기를 원했습니다.

♥

모든 만남을
말씀 안에서 사랑으로 시작했다면
절대 떨어지지 않습니다.
사랑으로 추구한 것은 힘을 다해 유지합니다.

성민원이 복지사업을 중단하지 않고 유지하는 것은
하나님 사랑과 사람 사랑에서 시작했기 때문입니다.
돈이 많이 들고 힘이 들어도
이이들의 영혼과 미래를 생각하면
중단할 수 없습니다.
지금처럼 앞으로도 계속할 것입니다.
시작이 사랑이었기 때문입니다.

그리스도의 사랑으로 시작한

양육과 복지 사역을 위해 함께 기도하길 바랍니다.

하나님의 뜻이 우리 안에서

아름답게 이루어지도록 함께 기도합시다.

하나님의 역사는 질서를 세웁니다.

가정과 교회 안에서

사랑하면 모든 것이 누림이고 행복입니다.

분쟁없이 화평한 나라와 교회가 되기 위해,

먼저 자신의 마음 속에

성령으로 임하는

화평의 은혜를 갖기를

주님의 이름으로 축원합니다.

복음
구원
은혜

Message

21

1 형제들아 내가 너희에게 전한 복음을 너희에게 알게 하노니 이는 너희가 받은 것이요 또 그 가운데 선 것이라 2 너희가 만일 내가 전한 그 말을 굳게 지키고 헛되이 믿지 아니하였으면 그로 말미암아 구원을 받으리라 3 내가 받은 것을 먼저 너희에게 전하였노니 이는 성경대로 그리스도께서 우리 죄를 위하여 죽으시고 4 장사 지낸 바 되셨다가 성경대로 사흘 만에 다시 살아나사 5 게바에게 보이시고 후에 열두 제자에게와 6 그 후에 오백여 형제에게 일시에 보이셨나니 그 중에 지금까지 대다수는 살아 있고 어떤 사람은 잠들었으며 7 그 후에 야고보에게 보이셨으며 그 후에 모든 사도에게와 8 맨 나중에 만삭되지 못하여 난 자 같은 내게도 보이셨느니라 9 나는 사도 중에 가장 작은 자라 나는 하나님의 교회를 박해하였으므로 사도라 칭함 받기를 감당하지 못할 자니라 10 그러나 내가 나 된 것은 하나님의 은혜로 된 것이니 내게 주신 그의 은혜가 헛되지 아니하여 내가 모든 사도보다 더 많이 수고하였으나 내가 한 것이 아니요 오직 나와 함께 하신 하나님의 은혜로라 11 그러므로 나나 그들이나 이같이 전파하매 너희도 이같이 믿었느니라

♥

더위와 햇빛은 누구에게나 고통스럽습니다.

기원전 760년경 여로보암 왕 시대에

요나 선지자도 그랬습니다.

니느웨가 하나님께 범죄했을 때

하나님은 요나 선지자를 강권적으로 보내셨습니다.

"요나가 그 성읍에 들어가서 하루 동안 다니며 외쳐 이르되

사십 일이 지나면 니느웨가 무너지리라 하였더니" 욘3:4

요나의 발을 듣고 니느웨 사람들은

왕부터 모든 사람들이 금식하고 회개했습니다.

이후 요나가 성읍 동쪽에 앉아

니느웨의 변화를 지켜보고 있을 때,

하나님께서 햇빛을 가리는 박 넝쿨을 예비했습니다.

그러나 하루 만에 박 넝쿨이 죽자

요나는 성내며 죽기를 구했습니다.

그러자 하나님은 니느웨를 아끼는 마음을

요나에게 알려주었습니다.

♥

"여호와께서 이르시되 네가 수고도 아니하였고

재배도 아니하였고 하룻밤에 났다가

하룻밤에 말라 버린 이 박넝쿨을 아꼈거든

하물며 이 큰 성읍 니느웨에는

좌우를 분변하지 못하는 자가 십이만여 명이요

가축도 많이 있나니 내가 어찌 아끼지 아니하겠느냐 하시니라"

욘4:10-11

하나님은 회개하는 민족과 각 사람에게

회복의 은혜를 입히십니다.

바울은 고린도 교회 성도들에게 많은 교훈을 했습니다.

"만일 무엇을 배우려거든 집에서 자기 남편에게 물을지니

여자가 교회에서 말하는 것은 부끄러운 것이라" 고전14:35

♥

여자들이 주장을 할때 문제가 발생했으므로

교회에서는 잠잠하고 남편에게 배우라고 했습니다.

여자가 교회의 대표로 나서진 않지만

교회에서 여자의 역할은 매우 아름답습니다.

"지혜로운 여인은 자기 집을 세우되

미련한 여인은 자기 손으로 그것을 허느니라" 잠14:1

또한 바울은 매우 중요한 말을 했습니다.

"만일 누구든지 자기를 선지자나 혹은 신령한 자로 생각하거든

내가 너희에게 편지하는 이 글이 주의 명령인 줄 알라" 고전14:37

하나님의 말씀을 진심으로 믿고

전하는 사람은 하나님께 사랑을 받습니다.

신령한 사람이 전하는 말씀은

하나님의 명령인줄 알고

믿고 따르는 지혜가 있기를 바랍니다.

예수 그리스도의 오심이 복음입니다

"형제들아 내가 너희에게 전한 복음을

너희에게 알게 하노니

이는 너희가 받은 것이요

또 그 가운데 선 것이라" 고전15:1

복음은 복된 소식입니다.

복음은 우리를 죄에서 자유케 합니다.

영원히 살게 합니다.

천국 길을 열어 줍니다.

바울은 그 복된 소식을 받고

그로 인해 변화를 체험했고, 행복을 얻었습니다.

그리고 그 행복을 혼자 소유하지 않고 나누었습니다.

♥

다른 사람도 복음으로 인해 행복하길 바라며
3차까지 전도여행을 다니며 복음을 전했습니다.
그때 전해진 복음은 유럽과 아시아,
전 세계를 거쳐 우리나라까지 전해졌습니다.
언더우드, 아펜젤러와 같은 선교사들을 통해
복음과 문화가 들어왔습니다.

우리도 복음에 빚진 자로서 받은 것을 나누어야 합니다.
그러므로 세계로 선교사들을 파송하고 있습니다.
"헬라인이나 야만인이나 지혜 있는 자나 어리석은 자에게
다 내가 빚진 자라 그러므로 나는 할 수 있는 대로
로마에 있는 너희에게도 복음 전하기를 원하노라" 롬1:14-15

복음 전파는 당연히 해야 할 일입니다.
자랑이 아닌 겸손으로 전해야 합니다.

♥

또 사람이 살면서 당연히 해야 할 일이 있습니다.
"네가 흙으로 돌아갈 때까지
얼굴에 땀을 흘려야 먹을 것을 먹으리니
네가 그것에서 취함을 입었음이라
너는 흙이니 흙으로 돌아갈 것이니라 하시니라" 창3:19
"또 여자에게 이르시되
내가 네게 임신하는 고통을 크게 더하리니
네가 수고하고 자식을 낳을 것이며
너는 남편을 원하고 남편은 너를 다스릴 것이니라 하시고" 창3:16

남자는 이마에 땀을 흘리고 수고해야
먹을 것을 얻을 수 있습니다.
여자는 하나님이 주신 자녀를
기쁨으로 출산하는 사명이 있습니다.
하나님이 태초에 천지를 창조하신 후
아담과 하와에게 주신 사명이기에
마땅히 해야 할 일입니다.

복음은 가장 값진 것입니다.

복음을 받으면 전하고 싶은 마음이 솟아납니다.

"너희가 만일 내가 전한 그 말을 굳게 지키고

헛되이 믿지 아니하였으면

그로 말미암아 구원을 받으리라" 고전15:2

바울이 전한 말, 복음을 굳게 지켜야 합니다.

복음은 흔들려는 이들이 많이 있습니다.

그러므로 굳게 지키지 않으면 고통을 당합니다.

복음을 굳게 지키기 위해서는

옥토밭과 같은 마음에 복음을 품어야 합니다.

그것이 바로 믿음입니다.

"영혼 없는 몸이 죽은 것 같이

행함이 없는 믿음은 죽은 것이니라" 약2:26

행함이 없는 믿음은

복음의 능력이 나타나지 않습니다.

열매도 없습니다.

♥

참된 믿음은 예수님을 믿고
사랑으로 모든 것을 행하는 것입니다.
살아있는 믿음에는 역사가 나타나고,
많은 사람이 옳은 곳으로 돌아오고,
교회가 세워지고 부흥됩니다.

♥

복음이 가슴에 떨어질 때 아멘으로 받고
생활로 열매 맺으면
구원과 영광과 축복을 얻습니다.

복음이 전파되면 구원을 받습니다

구원을 받으면
미움이 사랑으로,
슬픔이 기쁨으로,
절망이 소망으로,
가난이 풍성으로,
원망이 소망으로 변하며
풍랑이 일어나는 바다도 잠잠해집니다.

구원받은 자는
예수님을 구주로 믿고
십자가의 죽음과 속죄를 믿습니다.
또 예수님이 사망의 권세를 이기고
부활하신 것을 믿습니다.

♥

"내가 받은 것을 먼저 너희에게 전하였노니

이는 성경대로 그리스도께서 우리 죄를 위하여 죽으시고

장사 지낸 바 되셨다가

성경대로 사흘 만에 다시 살아나사" 고전15:3-4

살아나심은 기적입니다.

사망을 사망케 하는 것은

예수 그리스도만이 가능한 일입니다.

♥

바울은 부활이 역사적 사실임을 증명하기 위해

예수님을 보았던 증인을 열거했습니다.

"게바에게 보이시고 후에 열두 제자에게와

그 후에 오백여 형제에게 일시에 보이셨나니

그 중에 지금까지 대다수는 살아 있고

어떤 사람은 잠들었으며

그 후에 야고보에게 보이셨으며

그 후에 모든 사도에게와 맨 나중에

만삭되지 못하여 난 자 같은 내게도 보이셨느니라" 고전15:5-8

♥

예수님은 베드로와 제자들, 오백여 명의 형제,

무덤을 지키는 군병들에게 보이셨습니다.

♥

부활은 분명한 역사적 사실이지만

세상이 악해질수록 부활절의 의미는 점점 희미해집니다.

그럴수록 부활절을 더욱 거룩히 지키고

독생자를 보내신 하나님을 찬양해야 합니다.

부활의 복음을 듣고

부활의 증인이 되길 바랍니다.

하나님의 은혜는 사람을 변화시킵니다

구원을 받으면

자신의 모든 것을 발견합니다.

"나는 사도 중에 가장 작은 자라

나는 하나님의 교회를 박해하였으므로

사도라 칭함 받기를 감당하지 못할 자니라" 고전15:9

복음을 받고 구원을 얻고

하나님의 사랑을 체험한 바울은

핍박자에서 전도자가 되었습니다.

바울은 자신이 핍박자였음을 잊지 않았고

겸손했습니다.

♥

교회를 박해하던 바울은

교회를 세우는 자가 됐습니다.

자신의 사도됨과 기쁨,

이 모든 것은 하나님의 은혜라고 고백했습니다.

"그러나 내가 나 된 것은 하나님의 은혜로 된 것이니

내게 주신 그의 은혜가 헛되지 아니하여

내가 모든 사도보다 더 많이 수고하였으나

내가 한 것이 아니요 오직 나와 함께 하신

하나님의 은혜로리" 고전 15:10

바울은 귀신도 쫓아내고,

많은 사람의 병을 고쳤습니다.

옥에서 찬송하고 기도할 때 옥문이 열렸습니다.

바울처럼 모든 좋은 환경과,

건강과 축복이 하나님의 은혜라고 고백할 때

자족하는 마음이 생깁니다.

또한 바울이 받은 은혜는 헛되지 않아서

모든 사도보다 더 많이 수고했습니다.

은혜를 깨닫고 그 은혜를 갚기 위해 생명을 드렸습니다.

우리의 몸과 물질을

마음대로 할 수 있을 때 드리고

선한 일에 사용해야 합니다.

우리가 받은 은혜에 감사합시다.

부모님의 사랑에 더 많이 감사하고

더 많이 수고해야 합니다.

일생동안 선한 일을 많이 하고,

은혜를 입고, 구원을 받고, 복음을 전하여

행복하길 주님의 이름으로 축원합니다.

승리를 주시는 하나님

Message

22

⁵⁰ 형제들아 내가 이것을 말하노니 혈과 육은 하나님 나라를 이어 받을 수 없고 또한 썩는 것은 썩지 아니하는 것을 유업으로 받지 못하느니라 ⁵¹ 보라 내가 너희에게 비밀을 말하노니 우리가 다 잠 잘 것이 아니요 마지막 나팔에 순식간에 홀연히 다 변화되리니 ⁵² 나팔 소리가 나매 죽은 자들이 썩지 아니할 것으로 다시 살아나고 우리도 변화되리라 ⁵³ 이 썩을 것이 반드시 썩지 아니할 것을 입겠고 이 죽을 것이 죽지 아니함을 입으리로다 ⁵⁴ 이 썩을 것이 썩지 아니함을 입고 이 죽을 것이 죽지 아니함을 입을 때에는 사망을 삼키고 이기리라고 기록된 말씀이 이루어지리라 ⁵⁵ 사망아 너의 승리가 어디 있느냐 사망아 네가 쏘는 것이 어디 있느냐 ⁵⁶ 사망이 쏘는 것은 죄요 죄의 권능은 율법이라 ⁵⁷ 우리 주 예수 그리스도로 말미암아 우리에게 승리를 주시는 하나님께 감사하노니 ⁵⁸ 그러므로 내 사랑하는 형제들아 견실하며 흔들리지 말고 항상 주의 일에 더욱 힘쓰는 자들이 되라 이는 너희 수고가 주 안에서 헛되지 않은 줄 앎이라

예수 그리스도로 말미암아
승리를 주신 하나님께 감사합니다.
승리자에게는 누림이 있습니다.

예수 그리스도를 만나면 가치관이 변합니다.
하나님의 사랑에 감동된 바울 사도는
과거에 가졌던 지식과 환경을 떠나
그리스도의 사도가 되었습니다.
바울은 예수님을 영접한 후
늘 겸손한 마음을 품었습니다.
바울은 사물을 바라보는 눈도 달랐습니다.
그는 사랑을 말했습니다.
"그런즉 믿음, 소망, 사랑, 이 세 가지는 항상 있을 것인데
그 중의 제일은 사랑이라" 고전13:13
하나님이 주신 사랑으로 복음을 전했습니다.

♥

민음은 소망을 낳고

거룩한 소망은 변하지 않는 사랑을 낳습니다.

사랑은 빈부, 국경, 환경을 초월하는

신비한 능력이 있습니다.

바울은 하나님의 말씀을

하나님의 명령으로 받아들였습니다.

예수님을 만난 후 부활의 확신을 가졌습니다.

예수님의 부활의 현장을 목격한 사람들은

부활을 믿음으로 피하지 않고 순교했습니다.

가을에 풍성한 수확을 한 농부는

봄에 씨를 뿌리고 여름에 김매는 것을 망설이지 않습니다.

이 행위의 결과가

풍성한 수확으로 온다는 것을 알기 때문입니다.

진정한 그리스도인은 부활을 믿습니다.

부활은 승리의 열매요, 꽃입니다.

 부활이 없다는 사람도 있습니다

"그리스도께서 죽은 자 가운데서

다시 살아나셨다 전파되었거늘

너희 중에서 어떤 사람들은 어찌하여 죽은 자 가운데서

부활이 없다 하느냐" 고전15:12

교회에 속했고, 예수님을 믿는다고 고백하면서도

부활을 믿지 않는 사람이 있습니다.

바울은 너희 중에서 믿는 사람이 있고

믿지 않는 사람도 있다고 했습니다.

"그리스도께서 만일 다시 살아나지 못하셨으면

우리가 전파하는 것도 헛것이요 또 너희 믿음도 헛것이며" 고전15:14

예수님이 부활하지 않으셨다면

전파하는 복음도, 믿음도 헛것이 되어

기독교는 존재하지 않았을 것입니다.

그러나 예수님이 부활하심으로

나라는 없어져도 기독교는 존재합니다.

♥

부활을 믿으면 복음이 생명의 양식이 되고

인생을 성공시키는 에너지가 됩니다.

예수님은 성경대로 잠자는 자의 첫 열매가 되셨습니다.

사망이 아담 한 사람으로 인하여 온 것 같이

부활도 한 사람, 예수님으로부터 시작됐습니다.

"사망이 한 사람으로 말미암았으니

죽은 자의 부활도 한 사람으로 말미암는도다" 고전15:21

마지막 때에 생명의 부활과

사망의 부활이 나타난다고 했습니다.

우리 성도들은 생명의 부활에 참여하는 축복을 받았습니다.

예수님은 선한 일을 이루시고 기적을 베푸셨지만

당시 사람들과 관점이 달랐으므로

하나님을 믿는다는 사람들에게

배척을 당하고 십자가에서 죽임을 당했습니다.

♥

진리대로 살다가

때로는 의로 인해 고통을 당하기도 합니다.

그러나 부활을 믿으며 좌절하지 않고

기뻐하고 감사하길 바랍니다.

바울은 부활이 있으므로

믿는 자가 신앙생활 하면서 고난당하는 것은

매우 아름답고 보람 있는 일이라 했습니다.

"내가 사람의 방법으로

에베소에서 맹수와 더불어 싸웠다면

내게 무슨 유익이 있으리요

죽은 자가 다시 살아나지 못한다면

내일 죽을 터이니 먹고 마시자 하리라

속지 말라 악한 동무들은 선한 행실을 더럽히나니

깨어 의를 행하고 죄를 짓지 말라

하나님을 알지 못하는 자가 있기로

내가 너희를 부끄럽게 하기 위하여 말하노라" 고전15:32-34

사랑으로 행하라

♥

마음대로 먹고 마시지 않고
인내하고 거룩하게 사는 것은
오직 미래가 있고,
천국이 있기 때문입니다.

상 주시는 이가 있기에
기쁨으로 참고, 견디고, 헌신합니다.

하나님의 방법으로 부활하십니다

"하나님이 그 뜻대로 그에게 형체를 주시되

각 종자에게 그 형체를 주시느니라" 고전15:38

하나님은 무에서 유를 창조하십니다.

육에 속한 자의 형체를 입으면

육의 지배를 받고 시공의 지배를 받습니다.

그러나 예수님이 육으로 계실 때는

육체의 한계를 초월했습니다.

풍랑으로 인해 고통당하는 제자들에게

물 위를 걸어서 찾아 오셨고

인간의 능력을 초월한 영의 권세를 사용했습니다.

♥

"그가 내게 이르시되 인자야 이 뼈들이 능히 살 수 있겠느냐
하시기로 내가 대답하되 주 여호와여 주께서 아시나이다
또 내게 이르시되 너는 이 모든 뼈에게 대언하여 이르기를
너희 마른 뼈들아 여호와의 말씀을 들을지어다
주 여호와께서 이 뼈들에게 이같이 말씀하시기를
내가 생기를 너희에게 들어가게 하리니
너희가 살아나리라" 겔37:3-5

에스겔 골짜기의 뼈를 군대로 만드시는
하나님의 능력을 믿어야 합니다.
부활은 하나님의 절대 주권 속에
하나님의 방법으로 이루어집니다.

♥

그러므로 우리는 말씀을 그대로 믿고 기도해야 합니다.

세상의 것을 보며 좌절하지 말고 기도함으로

낙심하지 않아야 합니다.

우리는 때로 잘난 사람,

가진 사람들과 비교하고 좌절하여

위축될 때가 있습니다.

그러나 하나님이 붙들고 일하시면

기적과 같은 큰 일을 이룰 수 있습니다.

다윗과 골리앗이 싸울 때도

모두 골리앗이 이길 것이라 예상했습니다.

골리앗은 칼과 갑옷도 있었고

힘도 강하며 전쟁의 경험도 있었습니다.

반면 산에서 양을 치던 목동 다윗이

물매와 막대를 가지고 골리앗 앞에 섰을 때

아무도 다윗이 이길 것이라 생각하지 못했습니다.

그러나 하나님이 다윗을 붙드심으로

골리앗을 쓰러뜨리고 승리했습니다.

하나님이 강하게 붙들면

어떤 환경이라도 이길 수 있습니다.

부활은 신비입니다.

기독교의 기초입니다.

사망의 권세를 이긴 열매입니다.

어떤 종교도 흉내 낼 수 없습니다.

 승리는 예수님으로부터 옵니다

"보라 내가 너희에게 비밀을 말하노니

우리가 다 잠 잘 것이 아니요

마지막 나팔에 순식간에 홀연히 다 변화되리니" 고전15:51

부활은 많은 사람에게 숨겨져 있습니다.

예수님은 믿는 사람에게만

부활의 현장을 보여주었습니다.

바울 사도는 부활을 믿는 고린도 교회 성도들에게

비밀을 알려주었습니다.

마지막 날에 일어날 현상을 말했습니다.

"나팔 소리가 나매 죽은 자들이 썩지 아니할 것으로

다시 살아나고 우리도 변화되리라" 고전15:52

마지막 날에 죽은 자들이 살아나고,

우리 또한 변화됩니다.

♥

"사망아 너의 승리가 어디 있느냐

사망아 네가 쏘는 것이 어디 있느냐" 고전15:55

"죄의 삯은 사망이요 하나님의 은사는

그리스도 예수 우리 주 안에 있는 영생이니라" 롬6:23

죄의 삯은 사망입니다.

죄가 있는 곳에는 율법이 권능을 갖습니다.

인간이 죄를 범했으므로

율법 아래 있고 사망에 있었습니다.

죄는 인간이 해결할 수 없습니다.

아담이 지은 원죄를 해결하기 위해

예수님이 생명을 내어 주셨습니다.

"아들을 낳으리니 이름을 예수라 하라

이는 그가 자기 백성을 그들의 죄에서

구원할 자이심이라 하니라" 마1:21

예수님은 자기 백성을 죄에서 구원할 자입니다.

"우리 주 예수 그리스도로 말미암아

우리에게 승리를 주시는 하나님께 감사하노니" 고전15:57

우리는 예수님을 믿음으로 하나님의 자녀가 되었습니다.

죄에서 자유를 얻음에 감사하고 사랑해야 합니다.

"그러므로 내 사랑하는 형제들아 견실하며 흔들리지 말고

항상 주의 일에 더욱 힘쓰는 자들이 되라

이는 너희 수고가 주 안에서 헛되지 않은 줄 앎이라" 고전15:58

♥

나무는 잠잠하려 하지만

바람이 가만두지 않습니다.

우리도 평안히 살고 싶지만

환경이 가만 두지 않습니다.

신앙생활 잘해보려고 하지만

우리를 흔드는 요소가 많습니다.

다니엘이 하루에 세 번씩 하나님께 기도하는데
방해하는 자들이 있었던 것처럼
우리의 신앙생활에도 방해하는 사람들이 있습니다.
그러나 흔들리지 않길 바랍니다.
항상 주의 일에 더욱 힘쓰는 자들이 됩시다.

먼저 자신을 살피고 정직한 삶을 살며
주의 이름으로 돌보고,
주의 이름으로 말하며,
주의 이름으로 사랑해야 합니다.

♥

할 수 있을 때 주의 일을 합시다.

기도할 때, 전도할 때, 물질이 있을 때,

일용할 양식이 있을 때

가난한 자를 돌아보고 선을 행하길 바랍니다.

우리의 육체는 머지않아 풀처럼 시듭니다.

우리의 아름다움, 권력, 물질, 명예도

잠시 있다가 꽃잎처럼 떨어집니다.

헛된 것을 붙들면 결국 돌아가는 날에 후회합니다.

주의 일을 잘 감당해서

주님이 부를 때 상 받으러 달려가는

여러분이 되길 바랍니다.

시대 속에서 우리의 사역은 빛입니다.

우리의 삶과 가치관이 빛이 되어서

많은 사람을 옳은 곳으로 인도하기를

주의 이름으로 축원합니다.

은혜를 나누게 하라

Message

23

1 성도를 위하는 연보에 관하여는 내가 갈라디아 교회들에게 명한 것 같이 너희도 그렇게 하라 2 매주 첫날에 너희 각 사람이 수입에 따라 모아 두어서 내가 갈 때에 연보를 하지 않게 하라 3 내가 이를 때에 너희가 인정한 사람에게 편지를 주어 너희의 은혜를 예루살렘으로 가지고 가게 하리니 4 만일 나도 가는 것이 합당하면 그들이 나와 함께 가리라 5 내가 마게도냐를 지날 터이니 마게도냐를 지난 후에 너희에게 가서 6 혹 너희와 함께 머물며 겨울을 지낼 듯도 하니 이는 너희가 나를 내가 갈 곳으로 보내어 주게 하려 함이라 7 이제는 지나는 길에 너희 보기를 원하지 아니하노니 이는 만일 주께서 허락하시면 얼마 동안 너희와 함께 머물기를 바람이라 8 내가 오순절까지 에베소에 머물려 함은 9 내게 광대하고 유효한 문이 열렸으나 대적하는 자가 많음이라

♥

바울 사도는 고린도 교회의 신앙을 지도하고
영적인 삶의 원리를 전했습니다.
은사, 사랑, 부활에 대해 전하고
그들의 신앙을 굳건하게 세웠습니다.

예수님께서 생명을 내놓으심으로
사람을 죽음에서 영생으로 인도했다는 소식을
고린도 교회 성도들에게 전했습니다.
예수님은 자신을 믿는 자들은
사망을 이긴 자가 되게 했습니다.
사망이 쏘는 것은 죄입니다.
그 죄가 없어지면 사망은 접근하지 못합니다.

❤️

"우리 주 예수 그리스도로 말미암아

우리에게 승리를 주시는 하나님께 감사하노니" 고전15:57

승리는 예수님으로부터 옵니다.

그러므로 구원받은 그리스도인의 마음에는

늘 감사가 넘쳐나야 합니다.

항상 기뻐하고 쉬지 말고 기도하고

범사에 감사함이 마음에 있어야 합니다.

그 큰 사랑에 감동하여 성령의 능력으로 살아야 합니다.

"그러므로 내 사랑하는 형제들아 견실하며 흔들리지 말고

항상 주의 일에 더욱 힘쓰는 자들이 되라

이는 너희 수고가 주 안에서 헛되지 않은 줄 앎이라" 고전15:58

바울은 감옥에서도 흔들리지 않았습니다.

"만일 너희가 믿음에 거하고 터 위에 굳게 서서

너희 들은 바 복음의 소망에서 흔들리지 아니하면 그리하리라

이 복음은 천하 만민에게 전파된 바요

나 바울은 이 복음의 일꾼이 되었노라" 골1:23

자신의 신앙을 지킬 뿐 아니라

다른 사람의 신앙도 지키기 위해 노력했습니다.

하나님 안에서는 수고가 헛되지 않습니다.

수고한 대로 먹고 심는 대로 거두는

하나님의 공의가 있습니다.

그러나 주 밖에서 자신의 방법으로 살고

세속적인 방법대로 알고, 믿고, 행하면

그 수고는 헛될 수 있습니다.

♥

이스라엘 백성이 하나님의 말씀을 떠나
자기 방법대로 살 때,
성전은 황폐한데 자신은 좋은 집에 살 때
하나님이 하신 말씀이 있습니다.

"너희가 많이 뿌릴지라도 수확이 적으며
먹을지라도 배부르지 못하며 마실지라도 흡족하지 못하며
입어도 따뜻하지 못하며 일꾼이 삯을 받아도
그것을 구멍 뚫어진 전대에 넣음이 되느니라" 학1:6
주 안에서 삶이 헛되지 않도록
풍성한 은혜가 임하길 바랍니다.

풍성한 연보가 넘치기를 바랐습니다

"성도를 위하는 연보에 관하여는

내가 갈라디아 교회들에게 명한 것 같이

너희도 그렇게 하라" 고전16:1

초대교회에서는 흩어 세워진 교회들이

예루살렘에 있는 성도들에게 구제금을 보냈습니다.

그때나 지금이나 빈곤한 상황에서

신앙생활을 하는 이들이 많습니다.

그 당시의 가난은 빈번한 흉년 때문이었습니다.

"그 때에 선지자들이 예루살렘에서 안디옥에 이르니

그 중에 아가보라 하는 한 사람이 일어나 성령으로 말하되

천하에 큰 흉년이 들리라 하더니 글라우디오 때에 그렇게 되니라

제자들이 각각 그 힘대로 유대에 사는 형제들에게

부조를 보내기로 작정하고 이를 실행하여

바나바와 사울의 손으로 장로들에게 보내니라" 행11:27-30

♥

바울은 마게도냐, 아가야, 갈라디아 교회에서
모금을 하고 예루살렘 교회를 도왔습니다.
우리나라도 6·25전쟁으로 폐허가 되었을 때
세계의 교회들이 보낸 옷과 밀가루 등을
국민들에게 나누어 주어 위로를 받았던 때가 있었습니다.
바울 사도의 이와 같은 행위는 계속 되었습니다.

"형제들아 하나님께서 마게도냐 교회들에게 주신 은혜를
우리가 너희에게 알리노니" 고후8:1
환난 중에 슬퍼하는 것이 아니라
하나님의 은혜를 생각하면서 기뻐했습니다.
그리고 범사에 감사했습니다.

"환난의 많은 시련 가운데서

그들의 넘치는 기쁨과 극심한 가난이

그들의 풍성한 연보를 넘치도록 하게 하였느니라" 고후8:2

예수님은 가난한 과부의 두 렙돈을 가장 귀하게 보셨습니다.

하나님은 중심을 보십니다.

극한 가난이 풍성한 연보를 넘치도록 했다는 것은

하나님의 가치관으로 바라본 것입니다.

하나님이 주신 은혜를 헛되이 받지 않고

자신이 가진 것을 하나님께 드리면

교회는 가난한 교회의 성도들을 돌아보고

천국 복음을 전하는데 연보를 사용합니다.

이것이 하나님을 향한 충성이며 행복하게 사는 길입니다.

"매주 첫날에 너희 각 사람이 수입에 따라 모아 두어서
내가 갈 때에 연보를 하지 않게 하라" 고전16:2
매주 첫날은 주일을 말합니다.
주일에 드릴 예물을 평소에 잘 모아놨다가
가난하거나 흉년을 만난 예루살렘 교회에 전달하라고 했습니다.

십일조와 봉헌물을 드리지 않는 것은 도적질입니다.
"사람이 어찌 하나님의 것을 도둑질하겠느냐
그러나 너희는 나의 것을 도둑질하고도 말하기를
우리가 어떻게 주의 것을 도둑질하였나이까 하는도다
이는 곧 십일조와 봉헌물이라" 말3:8

"화 있을진저 외식하는 서기관들과 바리새인들이여
너희가 박하와 회향과 근채의 십일조는 드리되
율법의 더 중한 바 정의와 긍휼과 믿음은 버렸도다
그러나 이것도 행하고 저것도 버리지 말아야 할지니라" 마23:23
서기관과 바리새인들은 십일조는 철저했지만
중요한 정의와 긍휼과 믿음을 버렸습니다.

♥

예수님은 이것도 행하고

저것도 버리지 말라고 했습니다.

연보는 하나님께 마음을 드리는 것이므로

신앙이 견고해집니다.

예수님도 보물이 있는 곳에 마음도 있다고 말씀했습니다.

"네 보물 있는 그 곳에는 네 마음도 있느니라" 마6:21

연보 잘하는 성도가 복을 받습니다.

또 드린 연보를 하나님 뜻대로

잘 사용하는 교회가 건강하게 부흥합니다.

♥

우리 교회 성도들이 복을 받는 이유가 있습니다.

성민원을 시작할 때, 예배당을 건축할 때,

오르간을 봉헌할 때, 의자를 헌물 할 때

온 성도가 함께 했습니다.

하나님이 주신 복을 가지고 연보하면

우리로 인해 사람들이 행복해지고

하나님은 우리에게 은혜를 주십니다.

"가난한 자를 불쌍히 여기는 것은

여호와께 꾸어 드리는 것이니

그의 선행을 그에게 갚아 주시리라" 잠19:17

우리 교회가 건강한 교회를 유지하고

어려움을 극복할 수 있었던 것은

가난한 사람을 외면하지 않았기 때문입니다.

하나님께서 이 모든 것을 아시고 축복해 주셔서

우리가 지금 기쁨으로 찬송하고 있습니다.

건축 연보한 것으로 교회가 건축되어

기쁨으로 가족과 함께 예배할 수 있습니다.

♥

"흩어 구제하여도

더욱 부하게 되는 일이 있나니

과도히 아껴도 가난하게 될 뿐이니라" 잠11:24

구제하면 천 배, 만 배로 열매 맺게 하심을 믿고.

주신 복을 하나님의 영광을 위해 사용합시다.

 ## 인정받는 사람에게 맡겨야 합니다

"내가 이를 때에 너희가 인정한 사람에게 편지를 주어
너희의 은혜를 예루살렘으로 가지고 가게 하리니" 고전16:3
바울은 고린도 교회에서 모여진 연보를
교회에서 인정받는 사람이 맡고
자신은 동행하기를 원하고 있습니다.
"이것을 조심함은 우리가 맡은 이 거액의 연보에 대하여
아무도 우리를 비방하지 못하게 하려 함이니" 고후8:20

목회자가 재정문제에 깊이 관여하기보다
온 성도들이 인정하는 정직한 자를 세워야 합니다.
하나님은 교회의 감독자이시므로
불의한 것이 뿌리내리지 못하도록 역사하십니다.

초대교회는 아나니아와 삽비라가

물질을 가지고 베드로 앞에서 거짓말 할 때

그의 영혼과 육체가 분리되었습니다.

"아나니아가 이 말을 듣고 엎드러져 혼이 떠나니

이 일을 듣는 사람이 다 크게 두려워하더라" 행5:5

하나님은 교회를 감독하시고 보호하십니다.

교회의 재정은 하나님의 것이므로

하나님의 뜻대로 사용될 때

연보한 사람이나 관리자 모두가

더 많은 복을 받을 수 있습니다.

하나님의 뜻대로 잘 사용하지 못하면

하나님이 흩어버리십니다.

♥

하나님은 야곱의 가정을

애굽의 고센 땅으로 불러내어

그 혈통의 순수성을 보존했습니다.

그리고 400년이 흐른 후

애굽의 요소를 제거하기 위해

광야에서 40년을 연단하신 후

가나안으로 다시 인도했습니다.

♥

여호수아가 지도자가 되어 아이성을 정복하러 갔을 때

아간이란 사람이 노략한 물건을 도적질함으로

싸움에서 패하고, 아간은 죽임을 당했습니다.

"그 위에 돌 무더기를 크게 쌓았더니 오늘까지 있더라

여호와께서 그의 맹렬한 진노를 그치시니

그러므로 그 곳 이름을 오늘까지 아골 골짜기라 부르더라" 수7:26

♥

하나님이 역사하시면

교회와 백성을 세우기도 하시고

멸하기도 하십니다.

하나님 앞에 진실하게 살아갑시다.

모든 것을 하나님께 맡기면 역사하십니다.

"내게 광대하고 유효한 문이 열렸으나

대적하는 자가 많음이라" 고전16:9

대적은 우리를 높여 놓습니다.

예수님은 십자가 죽음으로 부활하셨고,

사자 굴은 하나님의 살아계심을 체험케 했고,

지극한 가난은 풍성한 연보를 하게 했습니다.

우리를 통해

하나님이 영광을 받으시고

오병이어의 기적을 만드는

아름다운 축복이 있길 축원합니다.

모든 일을
사랑으로
행하라

Message

24

¹⁰ 디모데가 이르거든 너희는 조심하여 그로 두려움이 없이 너희 가운데 있게 하라 이는 그도 나와 같이 주의 일을 힘쓰는 자임이라 ¹¹ 그러므로 누구든지 그를 멸시하지 말고 평안히 보내어 내게로 오게 하라 나는 그가 형제들과 함께 오기를 기다리노라 ¹² 형제 아볼로에 대하여는 그에게 형제들과 함께 너희에게 가라고 내가 많이 권하였으되 지금은 갈 뜻이 전혀 없으나 기회가 있으면 가리라 ¹³ 깨어 믿음에 굳게 서서 남자답게 강건하라 ¹⁴ 너희 모든 일을 사랑으로 행하라 ¹⁵ 형제들아 스데바나의 집은 곧 아가야의 첫 열매요 또 성도 섬기기로 작정한 줄을 너희가 아는지라 내가 너희를 권하노니 ¹⁶ 이같은 사람들과 또 함께 일하며 수고하는 모든 사람에게 순종하라 ¹⁷ 내가 스데바나와 브드나도와 아가이고가 온 것을 기뻐하노니 그들이 너희의 부족한 것을 채웠음이라 ¹⁸ 그들이 나와 너희 마음을 시원하게 하였으니 그러므로 너희는 이런 사람들을 알아 주라 ¹⁹ 아시아의 교회들이 너희에게 문안하고 아굴라와 브리스가와 그 집에 있는 교회가 주 안에서 너희에게 간절히 문안하고 ²⁰ 모든 형제도 너희에게 문안하니 너희는 거룩하게 입맞춤으로 서로 문안하라 ²¹ 나 바울은 친필로 너희에게 문안하노니 ²² 만일 누구든지 주를 사랑하지 아니하면 저주를 받을지어다 우리 주여 오시옵소서 ²³ 주 예수 그리스도의 은혜가 너희와 함께 하고 ²⁴ 나의 사랑이 그리스도 예수 안에서 너희 무리와 함께 할지어다

24

무더위가 지나고 가을바람 불어오는
열매의 계절이 왔습니다.
우리 교회의 찬양 소리도 빨간 능금처럼 익어갑니다.

꽃씨를 심으면 꽃밭에 살고
풀씨를 심으면 풀밭에 살며
사랑하면 사랑 밭에 살고
미움을 심으면 미움 밭에 삽니다.

지혜로운 자는 씨를 심기 전에 열매를 상상합니다.
하지만 미련한 자는
우선 심기 좋은 것만 심고 추수 때 후회합니다.
지금 힘들고 어렵다면 과거를 돌아보아야 합니다.
돌아보는 지혜는 중요합니다.
어둠에 속하면 과거도 현재도 미래도 볼 수 없습니다.
빛이 없으면 잘못된 문제를 볼 수 없고
출구를 찾지 못합니다.

♥

예수님은 제자들에게

너희는 세상의 빛이라고 말씀했습니다.

바울 사도는 예수님을 만난 후

은혜와 사랑에 감동해 빛의 사람이 되었습니다.

그는 전 생애를 오직 그리스도를 위해 드렸습니다.

주를 위해 살고, 주를 위해 죽는다고 했습니다.

"우리가 살아도 주를 위하여 살고 죽어도 주를 위하여 죽나니

그러므로 사나 죽으나 우리가 주의 것이로다" 롬14:8

바울은 가장 행복하고 멋진 삶을

많은 사람에게 알려주기 위해

길을 가다가 매를 맞고, 짐승과 강도의 위협을 받고,

가난을 경험하고, 감옥에 갇히기도 했습니다.

그러나 항상 승리를 주시는 하나님을 찬양했습니다.

💜

"우리 주 예수 그리스도로 말미암아

우리에게 승리를 주시는 하나님께 감사하노니" 고전15:57

바울이 생각하는 승리는

명예나 권력이 아니었습니다.

많은 영혼을 옳은 곳으로 돌아오게 하는

영적 승리였습니다.

또 그는 하나님께 감사했고

심령 천국을 이룬 것에 대해 감사했습니다.

예수님은 제자들에게

자신을 부인하라고 했습니다.

예수님의 생각은

그들보다 더 깊고

고차원적이기 때문입니다.

하나님은 나보다 나를 더 잘 아시는 분입니다.
하나님이 주시는 승리와 회복은
인간의 생각을 뛰어넘습니다.
하나님은 우리의 계획 그 이상으로
안전한 길로 인도하십니다.

나사로가 병들었을 때 마리아와 마르다는
예수님께 사람을 보내 알렸습니다.
그러나 예수님이 도착하셨을 때
이미 나사로는 무덤에 있었으므로 슬퍼했습니다.
환경에 매몰되어 있으면 예수님의 능력을 깨닫지 못합니다.
그러나 돌문을 열고 예수님이 나사로를 부르셨을 때
나사로가 살아났습니다.
주님은 자신을 믿고 동행하는 자에게
기대 이상으로 귀한 환경을 만들어주십니다.

# 디모데가 두려움없이 지내도록 해야 합니다

"디모데가 이르거든 너희는 조심하여

그로 두려움이 없이 너희 가운데 있게 하라

이는 그도 나와 같이 주의 일을 힘쓰는 자임이라" 고전16:10

바울은 고린도 교회에 디모데를 천거했습니다.

그리고 자신과 같이 주의 일에 힘쓰는 자이므로

조심하고 두려움이 없게 하라고 했습니다.

바울은 고린도 교회 성도들의 기질을 알고 있었습니다.

그들 중에는 경건의 훈련이 부족하고

주의 종을 함부로 대하는 이들이 있었습니다.

또 바울은 디모데의 신분과 성품도 알고 있었습니다.

디모데는 믿음의 가정에서 잘 자랐습니다.

"디모데는 루스드라와

이고니온에 있는 형제들에게 칭찬 받는 자니" 행16:2

♥

디모데는 전통적 믿음의 가정의 자녀로
거짓 없는 믿음을 가졌습니다.
"이는 네 속에 거짓이 없는 믿음이 있음을 생각함이라
이 믿음은 먼저 네 외조모 로이스와
네 어머니 유니게 속에 있더니
네 속에도 있는 줄을 확신하노라" 딤후1:5
또 바울이 아들로 삼은 자였습니다.

바울은 귀한 주의 종 디모데를 멸시하지 말고
평안히 내게 보내라고 했습니다.
"그러므로 누구든지 그를 멸시하지 말고 평안히 보내어
내게로 오게 하라 나는 그가 형제들과
함께 오기를 기다리노라" 고전16:11
"누구든지 네 연소함을 업신여기지 못하게 하고
오직 말과 행실과 사랑과 믿음과 정절에 있어서
믿는 자에게 본이 되어" 딤전4:12

♥

교사는 아이들의 본이 되어야 합니다.
교역자는 성도들의 본이 되어야 합니다.
지도자로서 삶 자체가 모범이 되어야 합니다.

이제 한국의 많은 교회에
새로운 세대가 지도자로 세워질 때
그를 디모데 대하듯 조심하고
멸시하거나 두렵게 하지 않으며
편안하게 목회할 수 있도록
배려해야 합니다.

믿음에 굳게 서서 사랑으로 행해야 합니다

"깨어 믿음에 굳게 서서 남자답게 강건하라

너희 모든 일을 사랑으로 행하라" 고전16:13-14

기도로, 말씀으로, 삶으로 깨어있으라고 했습니다.

깨어있는 사람이 일할 때 환경을 변화시킵니다.

♥

하나님의 언약을 믿는 것은 매우 위대합니다.

하나님의 계획은 우리의 계획보다 월등합니다.

"믿음이 없이는 하나님을 기쁘시게 하지 못하나니

하나님께 나아가는 자는 반드시 그가 계신 것과

또한 그가 자기를 찾는 자들에게 상 주시는 이심을

믿어야 할지니라" 히11:6

"믿음으로 아브라함은 부르심을 받았을 때에 순종하여

장래의 유업으로 받을 땅에 나아갈새

갈 바를 알지 못하고 나아갔으며

믿음으로 그가 이방의 땅에 있는 것 같이

약속의 땅에 거류하여 동일한 약속을 유업으로 함께 받은

이삭 및 야곱과 더불어 장막에 거하였으니

이는 그가 하나님이 계획하시고

지으실 터가 있는 성을 바랐음이라" 히11:8-10

남자답게 강건하고 용맹하여

환경에 좌우되지 않는 능력을 가져야 합니다.

신자는 스스로 서는 것이 아니라

주님 안에 순종할 때 강하게 설 수 있습니다.

♥

노아는 믿음을 가지고 방주를 만들어

가족을 구원했습니다.

아브라함은 믿음으로 순종하여

믿음의 조상이 되었습니다.

성경을 하나님의 말씀으로 믿어야 합니다.

자기 생각과 성경 말씀에 대립이 생기면

자기 생각을 뒤로 하고 말씀을 따라야 합니다.

"그의 힘의 위력으로 역사하심을 따라

믿는 우리에게 베푸신 능력의 지극히 크심이 어떠한 것을

너희로 알게 하시기를 구하노라" 엡1:19

"끝으로 너희가 주 안에서와

그 힘의 능력으로 강건하여지고" 엡6:10

사랑은 온유하고 무례히 행치 않고,

상대에게 자기 필요를 채우지 않고,

사랑하는 사람을 보듬고 높입니다.

사랑이 없으면

미움, 원망, 불평, 분노, 좌절, 서운함, 정죄만 있습니다.

♥

우리를 향한 하나님의 사랑은

독생자를 주시기까지의 사랑입니다.

하나님의 사랑의 분량은 엄청 큽니다.

그 사랑의 분량으로 우리가 구원을 받았고

그 사랑으로 세워진 것이 교회입니다.

하나님을 사랑하면 영혼을 사랑하고

영혼을 사랑하면 교회를 사랑합니다.

하나님의 사랑과

예수님의 피와 사도들의 순종으로

오늘 우리가 복음을 접하고 있습니다.

❤️

이젠 모든 것을 사랑으로 행하기를 바랍니다.

사람과 환경이 마음에 맞지 않을 때라도

하나님이 선한 길로 인도하심을 믿길 바랍니다.

요셉처럼 형제가 외면해도,

오해받아 감옥에 갇혀도 좌절하지 않고

그 모든 과정을 내일의 영광으로 가는 길목이라 여기고

행복한 신앙생활을 하길 바랍니다.

"이같은 사람들과 또 함께 일하며
수고하는 모든 사람에게 순종하라" 고전16:16
교회의 역사에 함께한 이들의
수고를 알아주어야 합니다.
자녀는 부모님의 수고를 알아주고
부모님은 자녀에게 희망을 주는 것이
행복한 가정입니다.

"그러나 이제 그리스도께서 죽은 자 가운데서
다시 살아나사 잠자는 자들의 첫 열매가 되셨도다" 고전15:20
예수님은 부활의 첫 열매입니다.
"내가 스데바나와 브드나도와 아가이고가 온 것을 기뻐하노니
그들이 너희의 부족한 것을 채웠음이라" 고전16:17
스데바나 가족은 바울에게 세례를 받았습니다.
초대교회를 위해 헌신하는 것이 복이듯
이 땅에서 주의 일을 하는 것은 최고의 행복입니다.
부족함을 채우는 일은 매우 귀합니다.

♥

"그들이 나와 너희 마음을 시원하게 하였으니

그러므로 너희는 이런 사람들을 알아 주라" 고전16:18

봉사, 전도, 연보, 순종하는 사람을 알아주어야 합니다.

고린도 교회에 문안하는 단체가 있었습니다.

"아시아의 교회들이 너희에게 문안하고

아굴라와 브리스가와 그 집에 있는 교회가

주 안에서 너희에게 간절히 문안하고" 고전16:19

초대교회는 주로 가정에서 시작했습니다.

"깨닫고 마가라 하는 요한의 어머니 마리아의 집에 가니

여러 사람이 거기에 모여 기도하고 있더라" 행12:12

예루살렘의 초대교회는 마가의 집에서 시작됐고
빌립보 교회는 루디아의 집에서 시작됐습니다.
라오디게아 교회에서는 눔바의 집에서 시작됐고
골로새 교회에서는 빌레몬의 집에서 시작됐습니다.

"모든 형제도 너희에게 문안하니
너희는 거룩하게 입맞춤으로 서로 문안하라" 고전16:20
주 예수 인에서 항상 은혜를 나누며,
받은 것으로 서로 사랑합시다.

목회자는 구역장을 복음으로 돌보고,
돌봄 받는 자는 순종하며 신앙을 키우고,
물질 가진 자는 드리는 기쁨을 가지며
힘 있는 자는 그 힘으로 봉사하여
사랑의 큰 장을 만들어 가길
주님의 이름으로 축원합니다.

고린도전서 강해설교집

어둠 속 빛길

지은이 권태진
초판발행 2024년 10월 15일

등록번호 제 2003-6호
등록된 곳 경기도 군포시 군포로 487, 402호
발행처 성빛출판사
전화 031-397-6754　**팩스** 031-397-9241
이메일 sungbitbooks@gmail.com
홈페이지 www.sungbit.com

ISBN 978-89-87187-05-1 (03230)